南开法律评论

NANKAI LAW REVIEW

《南开法律评论》编辑委员会 ◇ 组编

总第十六辑

中国检察出版社

图书在版编目（CIP）数据

南开法律评论. 总第十六辑 /《南开法律评论》编辑委员会组编. —北京：中国检察出版社，2022.5
ISBN 978－7－5102－2745－5

Ⅰ.①南… Ⅱ.①南… Ⅲ.①法律－文集 Ⅳ.①D9－53

中国版本图书馆 CIP 数据核字（2022）第 068621 号

南开法律评论（总第十六辑）
《南开法律评论》编辑委员会　组编

责任编辑：李冬青
技术编辑：王英英
美术编辑：曹　晓

出版发行	中国检察出版社
社　　址	北京市石景山区香山南路 109 号（100144）
网　　址	中国检察出版社（www.zgjccbs.com）
编辑电话	（010）86423753
发行电话	（010）86423726　86423727　86423728
	（010）86423730　86423732
经　　销	新华书店
印　　刷	英格拉姆印刷(固安)有限公司
开　　本	710 mm×960 mm　16 开
印　　张	8.5
字　　数	151 千字
版　　次	2022 年 5 月第一版　2022 年 5 月第一次印刷
书　　号	ISBN 978－7－5102－2745－5
定　　价	30.00 元

检察版图书，版权所有，侵权必究
如遇图书印装质量问题本社负责调换

《南开法律评论》编委会

学术顾问（以拼音为序）：

陈　兵	陈耀东	程宝库	冯学伟	付士成
高　通	韩　良	何红锋	胡建国	胡绪雨
黄宇昕	贾敬华	贾卓威	柯振兴	孔令苇
隗　佳	李　飞	李建人	李蕊佚	李晓兵
刘安翠	刘　芳	刘鹏飞	刘　萍	刘士心
吕怡维	秦瑞亭	申进忠	石　巍	时　晨
史学瀛	宋华琳	隋　伟	孙秋玉	孙　炜
唐颖侠	万国华	王　彬	王　鹏	王强军
王瑞雪	向　波	谢晴川	许光耀	闫尔宝
阎　愚	杨广平	杨文革	于语和	岳纯之
张丽霞	张　玲	张心向	张　勇	张志坡
赵晶晶	郑泽善	朱京安	朱桐辉	

主　　编： 黄家星
副 主 编： 李　莉
编　　辑： 路震川　胡　珍　高安琦　黄盟茜　王露瑶
　　　　　　　赵芳露　张子晴　冀鑫磊

目 录

◆ 中国司法的治理性特征
　　——基于新中国成立初期人民法院运作状况的考察
　　　……………………………………………… 张文波　1

◆ "所有权—控制权"抑或"所有权—经营权":
　　两权分离命题的团体法审视 …………… 张崇胜　李彤彤　13

◆ 古代中国家庭内部性别间的权力冲突与平衡
　　——以"宝玉挨打"为例 ……………………… 米传振　31

◆ 我国小商贩合法化的路径探究
　　——以商主体制度为核心 ………………………… 龚　涛　48

◆ 试论审执分离视角下执行监督机制的改革与完善
　　——兼谈审执分离模式的选择 …………………… 吕子逸　60

◆ "程序性行政行为"的体系扰动及排除
　　——以最高人民法院指导案例69号为讨论对象
　　　……………………………………………… 刘洪阳　88

◆ 域外证据适用外法域法的必要性与可行性研究
　　——以1500份涉域外证据案例为样本 …………… 马自强　100

中国司法的治理性特征

——基于新中国成立初期人民法院运作状况的考察[*]

张文波[**]

摘　要： 建国初期，人民法院围绕执政党社会治理与社会改造的目标和任务，形成了一整套在司法理念、审判立场、运作方式上独具中国特色并绵延至今的"司法治理"模式。在打碎旧的国家政权机器的废墟上成立的人民法院，为保卫新生政权、巩固社会秩序发挥了重要作用，而以"清除旧法思想和旧法人员"为主要内容的"司法改革运动"，则重塑了人民法院的整体气质和运行模式，并促成了一系列新的司法治理观念、体系和审判方式的形成。司法治理逐渐摆脱粗粝的治理方式并走向成熟与完善的过程，为解释和改进当代中国司法实践的真实面向与发展路径、调适法院内部司法权力与政治权威之间的张力、限缩运动式治理范围等提供了有益的反思与借鉴。

关键词： 治理型司法　人民司法　司法治理　司法改革

"新中国司法制度的创设，是一场伟大的法律与司法革命。它绝不是一个早上突发奇想的偶然结果，而是一个长期的连续性过程积累的历史产物，是一个有机的历史传承的自然进程，具有深厚的历史性基础。"[①] 改革开放以来，在引进西方法律传统改造中国司法制度的过程中，一方面司法工作愈发与世界主流法治文明接轨，另一方面我们又隐约地感觉到某种区别于西方法律传统的差异性存在。作为新中国成立初期政法工作的主要领导人之一的董必武曾指

---

[*] 本文系中国法学会法理学研究会 2019 年青年专项课题"当代中国治理型司法的兴起与变迁"（项目编号：ZGFL201901）的阶段性成果。

[**] 张文波，天津市第一中级人民法院审判员。

[①] 公丕祥：《当代中国的司法改革》，法律出版社 2012 年版，第 73 页。

出，"人民政法工作从民主革命到社会主义革命，逐步积累起丰富的经验，形成了自己的优良传统"①。因此，时至今日有必要总结、提炼当代中国司法实践中的"新传统"。而作为对中国司法道路的理论概括，不仅要准确、客观，以便更容易被理论界和实务界接受，还要真正为当代中国司法制度的独特实践提炼出真正富有价值的命题。基于上述讨论，本文在此将新中国成立以来司法工作中的"优良传统"，从功能和目的的角度概括为"司法治理"，并试图证明：今天的中国司法制度尽管在程序上和外观上已经非常接近于西方法律类型，但在内核上仍然保留着独具中国特色的总体气质和绵延至今的以"治理"这一相对中性并凸显技术层面的概念为导向的司法模式，在由此建构的权力支配关系和权力网络背后，有一整套系统的知识体系和治理策略支撑，其在本质上是围绕以执政党社会治理与社会改造的目标为核心的法制实践。

一、司法治理生成的背景、任务与路径

司法治理与中国现代革命背景下的人民民主专政传统密不可分，其起点可追溯至中华人民共和国宣告成立之时——从那时起，一种在组织形式、语言风格、审判立场等方面截然不同于南京国民政府时期，甚至不同于以往任何一个时期的司法形态诞生了。其中，新政权对国民党政府时期旧法院的接管和改造宣告了人民法院组织机构的初步建立，而以"清除旧法思想和旧法人员"为主要内容的"司法改革运动"，则重塑了人民法院的整体气质和运行模式。

（一）布新：新型司法机构的建立与发展

进入1949年之后，中国共产党的各级组织相继进入解放区建立政权，各地军事管制委员会委派干部率队接管了国民党政府在当地的司法机关。从此，新型的、人民当家作主的人民法院正式建立。1949年2月中共中央发布《关于废除国民党六法全书与确定解放区的司法原则的指示》，1949年9月颁布的《中国人民政治协商会议共同纲领》明确提出"建立人民司法制度"。1949年10月，诗人胡风以一句"时间开始了"诗意地表达了对新中国的期许。在此背景下，以保卫革命胜利果实为主要目标的人民民主专政，对人民司法工作也提出了一整套全新的要求。在打碎旧的国家政权机器的废墟上成立的人民法

---

① 董必武：《实事求是地总结经验，把政法工作做得更好》，载《董必武政治法律文集》，法律出版社1986年版，第545页。

院,其首要任务是"镇压反动,保护人民,巩固国家权力"。① 为了更好地实现这一目标,新政权在"土改""镇反""三反"和"五反"等一系列轰轰烈烈的政治运动中,还普遍设立了"特别人民法庭"。特别人民法庭的工作事项远远超出了现代意义上的司法工作范畴,审判长由所在机关的负责人担任,但同时亦接受人民法院的领导,审判人员由机关干部、运动中的积极分子组成,司法行政化及双轨制司法的色彩浓厚,从而在人民法院之外形成了另一套"司法权力运行体系",并通过镇压反革命分子及审理各类刑民案件而贯彻执行党的方针政策及法律条例。从表面上看,特别人民法庭在上述政治运动结束后陆续解散,被整合到由人民法院管辖的主要负责审理乡村普通民事案件的"人民法庭组织体系"之中,但实际上它的"政治遗产"深刻影响了未来数十年人民法院的整体风格,并由此深深打上"政法传统"的烙印。此后,"司法治理"在组织层面上已初具规模。

此外,从新中国成立到1950年代中期,人民法院能够正常运转除了需要有专门的司法机构和司法队伍外,还需要有"可司之法"。由于新中国的法制建设尚不完善特别是立法经验有限,除中央人民政府颁布的土地改革法、婚姻法以及《惩治不法地主条例》《惩治反革命条例》《惩治贪污条例》等单行条例外,主要是依靠最高人民法院和地方各级人民法院在不断总结审判经验的基础上,通过颁布司法文件积极创制新的审判规则。这充分说明,新中国成立前夕废除"六法全书体系"后,人民法院并未如一些观点所言"长期处于无法可依的状态"。② 正是有了上述一系列司法文件为人民法院审理各类案件提供指引,司法治理才得以最终落地生根。

(二)除旧:"司法改革运动"中的规训与治理

尽管新的司法机构已经普遍设立,但如果不能解决由谁掌握"刀把子"的问题,人民法院就"不能真正成为人民民主专政的有力武器"。由于"过去胜利太快,开展各方面工作需要干部,在新解放区又采取了包下来的政策"③,以至于建国初期全国2.7万名法院干部中,有6000人系旧司法人员。④ 建国初

---

① 沈钧儒:《坚决镇压反革命巩固人民民主专政》(1951年3月15日),载最高人民法院办公厅编:《最高人民法院历任院长文选》,人民法院出版社2010年版,第14页。
② 参见陈兴良:《回顾与展望:中国刑法立法四十年》,载《法学》2018年第6期;赵秉志、张伟珂:《新中国刑法司法70年:回顾与前瞻》,载《法律适用》2019年第19期。
③ 董必武:《关于整顿和改造司法部门的一些意见》,载最高人民法院办公厅编:《最高人民法院历任院长文选》,人民法院出版社2010年版,第30页。
④ 史良:《关于彻底改造和整顿各级人民法院的报告》,载《人民日报》1952年8月23日。

期,政权更替导致了新旧两种司法观念的急剧转换,客观上旧司法人员与人民司法制度之间也的确存在难以调适的冲突,特别是在"镇反""三反""五反"等一系列运动中暴露出诸多问题。1952年7月,政法工作的主要领导人董必武和彭真联名以政务院政法分党组干事会的名义向中共中央报告,全国各级法院存在严重的组织不纯和思想不纯的现象,并提出"人民的法律,是便于维护人民自身的权益和对敌斗争的锐利武器,不应操在不可信赖的人手中"①。政务院政法分党组指出,旧司法人员在审判工作暴露的问题主要是三类:一是只重法律效果而轻视政治和社会效果,"脱离中心工作,孤立办案""对国家和人民的利益漠不关心"和"对劳动人民毫无感情";二是片面强调旧法的技术性而忽视其与新政权在政治立场上的差别,"把法律当作与政治对立的专门知识独立技术来看待";三是违背"司法便民"原则顽固坚持程序复杂繁琐,"动辄以法律程序刁难,舞文弄墨"。② 随后,"司法改革运动"在政务院党组干事会的部署下,以"甩石头"(发动群众揭发批判旧法观点和旧司法作风)、"挖墙脚"(撤换腐化堕落的法院干部、清除旧司法人员)、"掺沙子"(调配政治可靠的干部充任法院骨干)等方式来推进这场运动。"旧人员不经改造就使用,对我们来说是自杀政策。"③ 为了尽快清除旧法思想的影响,"司法改革运动"中还对旧司法人员进行了大规模的组织清理。此后,相当一批在特别人民法庭工作过的干部和在土改运动、"三反运动"和"五反运动"中涌现出的积极分子以及转业军人进入人民法院,并成为此后很长一段时期内人民法院审判队伍的基本来源。实事求是地讲,即便在南京国民政府统治时期也存在相当一批有良知的法官,但作为整体意义上的国家机器,是注定要连同旧制度的垮台而一并消失在历史深处的。也唯有置于革命法制传统的背景下,旧司法人员所经历的改造、规训才具有其必然性,才能深刻理解当代中国司法传统的生成与变迁过程。

同时,"反对帝国主义与殖民化"是现代中国革命的主题之一。在民族与民主革命业已完成的背景下,经由法律移植而成的近代中国法律制度及其话语体系,不仅被视为维护旧世界的工具,而且是殖民色彩最为浓厚的领域之一,因而首先成为被改造对象。1949年国民党政权败退之际,大批旧司法人员被

---

① 董必武:《关于整顿和改造司法部门的一些意见》,载《董必武政治法律文集》,法律出版社1986年版,第228页。

② 参见《政务院政法分党组关于司法改革和司法干部补充训练问题的情况和意见的报告》(1952年7月),载《新华月报》1952年第9期。

③ 董必武:《关于整顿和改造司法部门的一些意见》,载《董必武政治法律文集》,法律出版社1986年版,第229页。

新政权留用，并将"六法全书"体系中的裁判语言继承下来。因此，"肃清旧法观点乃是长期的思想斗争"①。对旧法思想的批判、否定，不仅是为了改造旧法人员，还意味着彻底割断与旧法统的联系，在法理上重新阐释政权合法性。新中国成立后的司法体系以建构自主性立场为目标，从人民民主专政传统中寻找话语资源，并着手对司法场域中的语言范式实施有计划的清理与重整。如果说人民法院对旧司法机构的接管更多是在组织层面为司法治理的形成奠定基础，司法改革运动则是在技术层面正式宣告了司法治理的确立。

二、司法治理运行的体系、内涵与策略

中国共产党对人民法院工作的领导深刻影响了当代中国司法制度的运行逻辑和整体风格，隐含了功能、组织、观念、主体、策略和关系等要素。新的司法形态即司法治理坚持在中国共产党的领导之下，积极介入社会改造、投入国家治理，将司法工作的全部重心集中在一定时期的党和国家中心任务之上，将完成中心工作的成效作为检验司法工作的最高标准，成为当代中国司法体制的最主要特征。

（一）坚持"党管政法"的政治原则

中国共产党是当代中国政治生活的枢纽，也是中国现代国家建设的决定性力量。②"政法"本是"政治与法律"的简称，但在长期的使用过程中又衍生出独立的含义，成为国家专政机器的指称，并有"刀把子"的政治隐喻，董必武曾将其称为"人民民主专政最锐利的武器"③。中国共产党领导政法工作期间，对司法工作的道路、特征、体制和逻辑产生了巨大而深刻的影响，这是任何关于中国司法制度的研究都绕不开的基本前提。新中国成立初期，司法工作基础还较为薄弱。1950年，最高人民法院院长沈钧儒提到，"由于革命形势的迅速发展，我们还没有能够和许多新解放地区的人民法院普遍建立起工作上的联系，对于这些地区的法院建设情况和工作情况还了解得不够"④。这在一定程度上解释了新中国成立之初的人民司法制度，为什么要坚持"党管政法"

---

① 《中共中央关于进行司法改革工作应注意的几个问题的指示》（1952年8月13日），载《建国以来重要文献选编（第三册）》，中央文献出版社2001年版，第278页。
② 刘先春、柳宝军：《国家治理现代化视域中的政党治理》，载《学术探索》2016年第5期。
③ 董必武：《要重视司法工作》，载《董必武政治法律文集》，法律出版社1986年版，第99页。
④ 参见沈钧儒：《人民法院工作报告》（1950年6月17日），载《人民日报》1950年6月21日。

原则。因为，除了军队，最先进入新解放区的就是中国共产党的各级组织。而人民法院则是在当地政权巩固以后，由党委派少量干部接收旧法院成立的，加之最高人民法院对各地法院的情况掌握有限，在此背景下力量薄弱的法院系统必须牢牢依靠党委开展工作，并基于中国共产党的政治和组织原则确立了人民司法制度中的"党管政法"原则。为此，彭真在 1953 年提出"县以上各级党委，应加强对司法工作的领导与检查，并指定一个常委管理司法工作。司法机关负责同志应主动地及时向党委反映情况，严格遵守请示报告制度，以取得党委的密切领导"①。司法治理决定了人民法院积极介入社会政治运动的姿态，而党管政法原则使得刑罚成为新政权对社会秩序进行政治治理的一种手段。今天精致的司法治理技术已远非当日可比，但无论其如何变迁都未脱离共同的底色。坦率地说，没有政党权威的参与，也就没有当代中国政法体制。从长期的演进轨迹来看，中国共产党在探索治理国家的过程中，实现了从政治调控到依法治理的转型，② 从而完成了对现代中国法律秩序的塑造。

（二）围绕"中心工作"的司法治理

"一个省也好，一个县也好，党委在每个时期，总有一个中心工作。"③ 时任最高人民法院院长沈钧儒将新中国成立之初的人民法院中心任务总结为："一是坚决地、严厉地、迅速及时地镇压一切破坏土地改革，破坏生产，破坏人民民主建设的反革命活动和反动阶级的反抗，保护土改胜利，生产建设，和民主秩序；二是通过审判，巩固人民内部的团结，调整人民内部的关系。"④ 1951 年 10 月，中央人民政府下发《关于土地改革地区的人民司法机关必须大力参加人民法庭工作的指示》，最高人民法院随即联合最高人民检察署、司法部发出指示，要求土改地区司法机关抽调干部作为人民法庭的骨干力量，"将做好人民法庭工作作为自己的中心任务"⑤。因此，特别人民法庭就是司法工作中典型的围绕党和国家中心工作开展的运动式治理形式。从这个意义上来讲，司法治理既是微观的政治仪式，又是国家暴力机器的具象。1958 年，为响应"大跃进"号召，最高人民法院向地方各级法院发出紧急通知，称"地

---

① 彭真：《加强司法工作》，载《彭真文选》，人民出版社 1991 年版，第 239 页。
② 赵天宝：《中国普法三十年（1986—2016）的困顿与超越》，载《环球法律评论》2017 年第 4 期。
③ 刘少奇：《党在宣传战线上的任务》，载《刘少奇选集》，人民出版社 1985 年版，第 86 页。
④ 沈钧儒：《人民法院工作报告》（1950 年 6 月 17 日），载《人民日报》1950 年 6 月 21 日。
⑤ 《中央人民政府、最高人民法院、最高人民检察署、司法部指示》，载《河南省人民政府公报》1951 年第 11 期。

方各级人民法院必须在党委的统一领导下，鼓足干劲，全力以赴，投入这个伟大的运动"。① 人民司法工作长期围绕党的中心工作开展，并随时根据形势的需要进行调整，使得司法机关愈益被纳入政治链条，从而有力巩固了新政权的政治稳定和社会秩序。从整体情况来看，人民法院深度参与国家改革发展稳定的效果是值得肯定的，作为党的"刀把子"履行了维护国家政权安全的专政职能，作为国家的"秤杆子"履行了维护社会公平正义的审判职能。人民法院在国家政权结构和国家治理体系中是如此重要，而当代中国司法模式与新中国的政治道路、政党制度、政法传统的关系又是如此紧密相关。事实上，只要设置了法院这一角色，它就必然会按照其内在的职能要求去发挥作用。因此，尽管当代中国司法在不同历史时期承担着不同的工作任务，但其"围绕中心工作"的运行逻辑始终如一，并没有发生本质上的改变。

（三）贯彻群众路线的"人民司法"

在新中国的政治话语体系中，"人民"是富有超验地位的政治概念，群众路线则是"中国共产党的根本政治路线与组织路线"，② 人民司法可以说是当代中国司法实践的"元理论"和"元知识"。相对于司法治理而言，人民司法从字面来理解更接近一种上位的"政治哲学"层面，进而对司法的全部活动都形成政治涵射功能，更容易凸显政治立场的归属。"政法工作不是一种只坐在屋子里办公事、搞文牍的工作，而是一种与群众运动相结合的实际工作。"③ 中央人民政府1951年9月4日公布的《中华人民共和国人民法院暂行组织条例》规定，人民法院审判案件可实行"就地调查、就地审判和巡回审判"，即鼓励司法走"简约便民"的模式。为此，各地法院不仅设立了"值日法庭""简易法庭""临街法庭""人民问事处"以便利群众诉讼，还大力提倡司法人员深入群众、依靠群众的力量和智慧查清事实，并采取就地审判、就地调解等方式现场解决纠纷。④ 由于案件当事人生活在群众之中，群众对当事人的情况最了解，把案件交给群众辩论，更能反映真实情况，进而创造出"法庭审判与群众辩论相结合"的司法工作方式。⑤ 例如，广东省中山区人民法院助理

---

① 《中华人民共和国最高人民法院紧急通知》（1958年8月30日），载《人民司法》1959年第16期。
② 刘少奇：《论党》（1945年5月14日），载《刘少奇选集（上卷）》，人民出版社1981年版，第342页。
③ 彭真：《政法工作中的几个问题》，载《彭真文选》，人民出版社1991年版，第213页。
④ 彭真：《加强司法工作》，载《彭真文选》，人民出版社1991年版，第238页。
⑤ 刘波平：《法庭审判与群众辩论相结合的实践经验》，载《人民司法》1959年第18期。

审判员宇秉谦主动到工厂参加劳动生产，和工人打成一片，开展法制宣传。①杭州市上泗区人民法院审判员高凤翔在1958年参加抗旱保卫生产时，一面和群众一起参加运水、筑堤，一面谈心了解情况，利用休息和饭后的时间进行调查和调解。② 通过这种形式，也能够以活生生的事实向群众进行法律宣传，教育和提高群众的觉悟，让党和国家的政策、法律更加深入人心。③

三、司法治理的效果与反思

相比于旧政权及其旧法统下的司法模式，一套全新的司法审判运作模式在新旧时代的递嬗中诞生了：一是在审判立场上更加重视阶级分析方法和大众化审判思维，以群众观点作为裁判结果的重要标尺；二是审判方式的转换，即对审判实践中任何仪式化与程序化的迹象都予以警惕，并斥之为繁文缛节和官僚习气，进而强调方便民众诉讼的简约化审判风格，且在话语表达方式上以革命化、平民化的语言风格取代专业法律概念及术语。

（一）"从政治效果出发"的审判立场

谢觉哉在1949年初开办的司法干部培训班上，寄语未来的人民法官们要"从政治上来司法""没有法，用政治来司；有了法，也要用政治来司"。④ 新司法理念之所以如此强调政治立场、政治效果，是由于"谁是我们的敌人，谁是我们的朋友？这个问题是革命的首要问题"⑤。新政权是建立在一个阶级推翻另一个阶级的基础之上，雄心万丈的革命者绝非为了获得单纯的"统治权"而投身革命，否则令人心驰神往的神圣事业就会沦为庸俗的"王朝易代"。新中国的成立宣告了旧时代和旧的压迫阶级的消亡，并通过新中国成立初期的镇压反革命、土地改革初步确立了新的社会分层与阶级结构。一个高度革命化的、"绝对净化"的集体化社会，对于革命中的"他者"往往保持一种高度警惕的心态。而中国共产党是从血与火的历史淬炼中走出来的，在经历了无比残酷甚至惨烈的军事斗争后，当时国际国内的环境特别是在"冷战"背

---

① 陶世水：《是审判员又是工人——记中山区人民法院助理审判员宇秉谦同志的一段事迹》，载《人民司法》1960年第1期。
② 高凤翔：《我是怎样参见抗旱保卫生产的》，载《人民司法》1959年第16期。
③ 王云生：《审判工作怎样贯彻群众路线》，载《法学研究》1959年第6期。
④ 谢觉哉：《在司法培训班的讲话》，载《谢觉哉文集》，人民出版社1989年版，第648页。
⑤ 毛泽东：《中国社会各阶级的分析》，载《毛泽东选集》（第一卷），人民出版社1991年版，第4页。

景下也不允许他们对社会形势有过于乐观的估计。关于人民民主专政背景下"从政治效果出发"的审判立场，在审判实践中包括但不限于以下情形：（1）在审理新中国成立前的历史反革命犯罪时坚持法律具有溯及力，而不是旧司法人员所谓的"丧失时效"或"反革命是执行上级命令的职务行为"的观点；① （2）在婚姻法问题上支持妇女提出的正当离婚请求，而不是保守地维护封建夫权利益；② （3）人民法院作出的判决如发现错误应当及时纠正，而不是旧法人员所谓的"官无悔判"；③ （4）对于当时尚未有明文规定的犯罪亦应根据犯罪情节予以惩罚，而不是对反革命罪犯置之不理，任其逍遥法外；④ （5）对于违法犯罪的工商业主，应首先考虑国家和社会公共利益，而不是以"契约自由"为由不认定为犯罪；⑤ 有些县人民法院还采用巡回审判、分区包干和定期下乡等办法处理案件。⑥ 昆明市召开"错案改判大会"，许多群众反映"人民政府真是青天，错判了还要改判。要是在国民党时代，冤死也没人管"。时至今日，人民法院依然在强调审判工作应当坚持"政治效果、法律效果和社会效果"有机统一，这充分证明司法治理中追求"综合效果"的审判立场仍具有生命力。

（二）"调判结合"和"便民诉讼"的审判方式

1949 年以来，新政权通过政治上的一体化建设，国家政权力量下沉到基层，乡村社会被嵌入现代国家建构的进程。与此同时，传统中国的宗族组织逐渐瓦解，社会自组织能力的薄弱也使得社会更加依赖国家主导的纠纷解决机制。在这一时期，尽管农村基层政权和城市中的机关、工厂等单位也承担了相当一部分纠纷解决的功能，但人民法院在多维度的纠纷治理解决机制事实上扮演了最为重要的角色。这意味着，人民法院不仅要通过依法裁判的方式妥善处理当事人之间的具体纠纷，还要善于运用调解、"做工作"和法治宣传教育等方式积极化解人民内部矛盾。因此，人民法院的调解工作不仅是一个解决纠纷的过程，还承担着重要的政治与社会功能。不同于旧法统通过"六法全书"

---

① 周子荫：《安徽省司法改革工作的成就和今后的任务》，载《安徽政报》1952 年第 1 期。
② 《上海市人民法院北区法庭审判员杨烈坚持反动的旧法观点被撤职查办案》，载《人民日报》1952 年 8 月 25 日。
③ 参见张友渔：《在司法改革报告会上的讲话》，载《北京市重要文献选编（1952 年）》，中国档案出版社 2002 年版，第 472 页。
④ 周增华：《旧法观点是怎样包庇了反革命罪犯的》，载《人民日报》1952 年 8 月 11 日。
⑤ 曹杰：《旧法观点危害国家经济建设》，载《人民日报》1952 年 9 月 13 日第 3 版。
⑥ 新华社：《全国各地司法改革运动收到良好的效果司法工作人员开始树立了人民司法观点和作风》，载《人民日报》1953 年 5 月 16 日。

体系设计出复杂的司法程序，新政权崇尚简约化的审判方式，反对繁琐的程序主义。之所以如此，一个很重要的原因是新中国成立初期案多人少的司法状况，导致各地法院成立后接手的大量旧政权时期的积案未能及时处理，政务院和最高人民法院在 1950 年 10 月联合发出《关于人民司法机关迅速清理积案的指示》并提出"各级人民司法机关在清理积案工作中，应力求切实简化诉讼手续，清除部分人员中因袭旧司法制度的形式主义和文牍主义的作风"①。彭真对旧司法人员的"衙门作风"十分不满，"有些案子本来是一点小事情，面对当事人，三言两语就可以解决，他们却一次次地传，一堂堂地问，拖很长时间，搞了许多没有必要的繁琐程序"②。为此，政务院特别要求"各级人民司法机关在各级人民政府指导帮助及和有关部门工作的密切配合之下，应组织力量，加速案件审理的期限，坚决革除国民党法院所遗留的形式主义和因循拖延的作风"③。董必武亦主张"法院应该简化自己的办事手续，打破常规，改变做法"，以最大限度减少积案。④ 此外，新政权反对繁文缛节的司法程序并力主加强调解工作，亦是受党内长期以来"反对形式主义"传统的影响所致。从党的发展历史来看，那种"背了一麻袋马列知识"的教条主义者们拘泥于条条框框的做法往往贻害无穷，以至于常被讥讽为"文牍主义"。因而在各级党委看来，司法工作中过分推崇程序至上，不分任何时间、地点、条件，事无大小，案无轻重，一律追求的所谓"正规"形式和手续，同样是典型的形式主义表现，不仅与群众拉开了距离、造成了生疏冷漠，而且因滋生了高高在上的官僚主义气息而更加令人生厌。因此，只有通过调解、说服、批评教育的办法，才可能消解法庭之上的对抗式诉讼。这表明人民法院的治理方式十分灵活，对于属于危害政权安全和社会秩序的敌我矛盾予以严厉打击，对于属于人民内部矛盾的民间纠纷则采用了更为多元化的解决方式。

（三）结语：回顾与反思

审视人民法院的发展道路不难发现，我们所观察到的当代中国司法实践的种种外在样态，其背后有一整套具有高度延续性和完整性的运行逻辑和运作模式。新中国成立初期疾风骤雨般的运动式治理确立了中国共产党对司法工作的

---

① 中央人民政府法制委员会编：《中国人民政府法令汇编（1949 年至 1950 年）》，法律出版社 1982 年版，第 220—221 页。

② 彭真：《论新中国的政法工作》，中央文献出版社 1992 年版，第 70 页。

③ 《政务院关于加强人民司法工作的指示》（1950 年 11 月 3 日），载《山西政报》1950 年第 12 期。

④ 董必武：《论加强人民司法工作》（1953 年 4 月 11 日），载最高人民法院办公厅编：《最高人民法院历任院长文选》，人民法院出版社 2010 年版，第 41 页。

绝对领导,也使人民法院围绕执政党社会治理与社会改造的目标完成了一系列动员、控制和治理任务,形成了一整套在司法理念、审判立场、运作方式上独具中国特色并绵延至今的司法治理模式。在此期间,人民司法制度的曲折历程也表明,新中国成立初期的"治理型司法"在权力技术上尚停留在较为初步和粗糙的阶段。早在新中国成立之初党的领导人就已经对如何开展法制建设有过非常清醒而冷静的判断。例如,刘少奇曾指出"法院独立审判是对的,是宪法规定了的,党委和政府不应该干涉他们判案子"①。董必武曾说"群众运动是个法宝,但不能经常搞运动,因为震动太大,八级以上的风,刮一阵是自然现象,经常刮就受不了,把树吹倒了,人不能出门,经常刮是不行的。情况变了,我们的工作方法也要随之改变"②。但遗憾的是,受制于当时国内外环境和法制建设经验不足等客观条件,人民司法制度的发展还很难达到理想的状态。由于过于强调党对司法的直接领导责任,导致各级党委承担了大量本应该由人民法院自行解决的工作,耗费了党组织相当一部分精力,也使得司法治理过于依赖政治运转系统的正向反馈,从而导致司法生态较为脆弱。例如,新中国成立初期旧司法人员的言行,证明了开展司法改革运动的必要性,但实践中对他们"一刀切"式的处理也说明治理型司法尚未形成精致、成熟、完善的治理方式。而单纯强调司法为"中心工作"服务而忽略司法本身的职能,可能意味着人民法院和司法人员始终"工作在外围"甚至游离于"权力边缘",亦从侧面反映出在很长一段时期内司法工作相对弱势的尴尬境地。政务院政法分党组干事会在向中共中央汇报司法改革工作时,指出"许多法院骨干过弱,无得力干部主持工作"③。在配合中心工作的过程中,各地"常抽调法院干部脱离本身的审判工作,甚至搁置大批积案,去做一般的工作队员或组员",从而影响了正常的审判工作。④ 不难想象,上述情况会在一定程度上导致司法工作人员对自身职业存在轻视心理,阻碍了司法职业化的建设。在始于 1958 年的"司法大跃进"中,"革命的逻辑"压倒了"法制的逻辑",政法机关也掀起"一长代三长""一员代三员""大案不过三,小案不过天"的跃进浪潮,

---

① 刘少奇:《政法工作与正确处理人民内部矛盾》,载《刘少奇选集(下集)》,人民出版社 1985 年版,第 452 页。
② 董必武:《在军事检察院检察长、军事法院院长会议上的讲话》,载《董必武政治法律文集》,法律出版社 1986 年版,第 450 页。
③ 《中共中央转发中央政法分党组干事会关于司法改革工作情况的报告》(1952 年 10 月 7 日),载中共中央文献研究室等编:《中共中央文件选集(第 10 册)》,人民出版社 2013 年版,第 21 页。
④ 毛凤翔:《三年多来法院工作基本情况——陕西省人民法院毛凤翔院长在陕西省第二届司法会议上的报告》(1953 年 7 月 25 日),载《陕西政报》1953 年第 7 期。

"三家齐出征，拧成一股绳，下去一把抓，回来再分家"的法律虚无主义思想的蔓延致使司法制度的发展遭受严重挫折，司法治理中"运动式治理"所释放出的能量需要在很长一段时期才能逐步消解。直到改革开放以后，随着不断趋于温和理性的政治环境和日益广泛深入的普法教育，执政党逐渐从具体琐碎的一般司法事务中抽离出来，以更加宏观的角度去对待司法工作，更加注重从意识形态的角度来引导人民法院的政策取向、服务宗旨和中心任务，司法治理才逐渐被引向"法治"话语所主导的新时期司法实践之中。

新中国司法事业的创立和发展是一项前无古人的伟大工程，指出上述问题并不是为了否定一个时代的司法治理及其价值，而是为了在新的时代更好地将其中有益的部分予以发扬，特别是对于新中国成立初期司法治理中的党管政法原则、人民司法原则、群众路线原则和充分考虑政治、法律和社会效果的治理理念，将其中仍然能够对今天发挥作用的一些传统做法予以提炼。本文之所以将当代中国司法模式概括为不同于西方司法模式的"治理型司法"，正是要以"内在视角"来理解中国司法道路，通过总结人民司法工作若干经验、特征、规律，进而揭示司法场域中建构的权力关系本质，还原其背后社会、政治背景的变迁过程，提炼出中国司法制度中独有的因素，指出研究中国司法问题应当避免不加分辨地以西方学术标准、西方司法模式为理想图景来"观察、切割或者压缩、简化当下中国的司法问题"[1]。当然，在强势的西方话语面前保持审慎的距离并不意味着无视中国司法制度自身存在的问题，在力求凸显司法场域中的"中国模式"和"中国道路"的同时，也应当对经验研究自身可能带来的"研究主体客体化"保持足够清醒。回顾新中国成立初期的司法治理历程，就是为了证明司法治理既不是完全绝缘于现实政治的"消极型司法"，也不是只问法律效果而不问政治和社会效果的"单向度司法"，而是根源于新中国成立初期的司法实践，并以"参与国家治理和社会治理"为基本导向的在基本面貌、总体气质和运行方式上不同于西方司法模式的"治理型司法"，以期对解释和改进当代中国司法实践的真实面向与发展路径、调适法院内部司法权力与政治权威之间的张力、限缩运动式治理范围等提供若干反思与借鉴。

（责任编辑　冀鑫磊）

---

[1] 方乐：《从"问题中国"到"理解中国"——当下中国司法理论研究立场的转换》，载《法律科学》2012 年第 5 期。

"所有权—控制权"抑或"所有权—经营权":
两权分离命题的团体法审视

张崇胜　李彤彤[*]

摘　要：作为现代公司法的经典命题,两权分离面临诸多亟待进一步澄清的困惑。所有权主体指向不明,控制权与经营权概念混用以及法权关系不清等问题,一定程度上揭示出个人法在方法论上存在只注重财产静态归属而忽视财产动态利用的局限性。团体法语境下的两权分离,是以公司为所有权归属主体,控制权和经营权在公司内部机关/成员之间进行分工的权力配置机制。法人所有权衍生控制权和经营权,且控制权和经营权属于私权力,控制权旨在制约经营权。控制权依照功能适当性原则,在公司内部机关/成员之间进行配置,且逐渐在人力资本和非人力资本的博弈下寻求动态均衡。公司法要在制度理念、体系结构、规范文本等方面进行良性修改,做出理性回应,从而助推公司治理的现代化。

关键词　两权分离　权能分离　权力配置　功能适当性　特殊表决权

引言：问题提出与视角限定

两权分离之理论和实践滥觞于美国。19世纪20年代以来,伴随一系列重大技术创新和新兴产业的崛起,美国企业率先实现了所有权和经营权的分离,谓之"管理革命"。Berle和Means在1932年出版的《现代公司与私有财产》(*The Modern Corporate and Private Property*)一书中对上述现象予以探究,并提

---

[*] 张崇胜,中国民航大学法学院助理教授,非执业注册会计师；李彤彤,中共中央党校(国家行政学院)教务部工作人员。

出了"两权分离"的著名概括。

自此以后，作为现代公司法的经典命题，两权分离不仅得到学界的广泛认同，且成为影响各国公司法制度供给的重要因素。一方面，为两权分离提供制度供给。例如，代理投票权制度、表决权委托制度、商业判断规则等。从而将公司的经营交由具有专业知识的管理人员。另一方面，消解因两权分离产生的代理成本。例如，管理层的忠实勤勉义务、独立董事制度、股东诉讼直接诉讼和派生诉讼等。因为委托人和代理人具有不同的目标函数，存在道德风险和逆向选择问题。

基于现有文献梳理可知，国内学者围绕上述两个层面展开了大量的探讨，为我们提供了颇具启发的研究思路。但是，两权分离命题中尚有部分困惑须进一步澄清：

一是所有权主体指向不明。按照学界一般理念，所有权需要在主体、对象以及内容上具体、特定，才得以确定社会的基本法律秩序。① 但是，两权分离命题中存在"所有权"为"股东对公司财产的所有权""股东对公司的所有权"以及"股东对公司股份的所有权"② 等诸多观点。例如，有学者认为两权分离是指公司所有权同公司经营权相互分离。③ 还有学者提出"至 19 世纪二三十年代，美国率先完成了股东所有权与企业经营权相分离的革命性变化"④。观点林立之症结在于部分学者对两权分离形态（公司法中的两权分离为同一主体内部进行的分离抑或是不同主体之间进行的分离）缺乏明确的认知。

二是控制权与经营权概念混用。例如，有学者认为公司所有与公司经营分离原则，是法学界的通行用法。在经济学界，常称为"所有（权）与控制相分离"，这两者没有任何区别。⑤ 还有学者认为"两权分离理论，即公司所有权与控制权分离理论"⑥，这与 Berle 和 Means 在《现代公司与私有财产》中描述的是"所有权与控制权（而非经营权）分离"蕴含的控制权和经营权分属不同事物的理念相契合。可以看出，学界对两权分离中与所有权对应的是控制权还是经营权问题存在争议。

---

① 孙宪忠：《民营经济所有权研究的六个问题》，载《财经法学》2019 年第 5 期。
② 仇书勇：《反思对现代公司"两权分离"理论的两种误解——以法学为视角的研究》，载《法学论坛》2007 年第 2 期。
③ 漆多俊：《论公司制两权分离形态》，载《现代法学》1992 年第 3 期。
④ 施天涛：《〈公司法〉第 5 条的理想与现实：公司社会责任何以实施？》，载《清华法学》2019 年第 5 期。
⑤ 梁上上：《股东表决权：公司所有与公司控制的连接点》，载《中国法学》2005 年第 3 期。
⑥ 乔宝杰：《对我国有限责任公司治理结构的反思》，载《政治与法律》2011 年第 8 期。

三是法权关系不清。控制权和经营权并非严格意义上的法律术语，更无法直接嵌合至围绕平等主体构建的权利体系之中。一方面，控制权和经营权具有异于权利的共益性、强制性、扩张性等特征，有明显的权力属性。现行公司法第36条、第37条、第46条、第49条以及第53条等也分别采用"职权"这一权力范畴中的术语进行表述①。另一方面，如上所述，控制权和经营权自身也具有不同的特征，"经营权更多表现为一种对指令的执行，而控制权是指令生成的本原"②。这要求学界对所有权、控制权和经营权之间的关系有一个清晰的了解。因为，只有明晰的权属主体及法权关系，权责对称及其相互制约的利益约束机制和法权约束机制才能形成。

值得指出，在两权分离命题的研究中，法学与其他学科（主要是经济学和管理学）存在一个极为明显的区别：是否将公司视为独立的法律实体。经济学和管理学多用企业（firm）来描述研究对象，将企业看作"合同束"，是为了表明企业与普通市场交换是没有区别的，从而忽视公司的独立法律实体地位。进言之，公司不是一个实体，仅仅是公司各参与人之间签订的契约构成的契约束（nexus of contract）③，从而将公司视为个体为追求个人利益最大化的活动舞台。这种视角下，股东对公司/公司资产享有所有权似无不当，却违背公司作为独立法人拥有独立财产的公司法基本原则，以及法律主体之间平等的基本法理（法律主体之间不得相互"所有"）。公司是一个类似于共和国的组织实体，具有严谨有效的组织结构和运行程序④。

基于上述考虑，本文研究的是关于公司作为独立法律主体前提下的两权分离。将公司作为研究对象的法律体系大致可以划分为两类：个人法和团体法。前者涉及公司的人格、权利能力、行为能力等，典型代表是民法；后者涉及公司的设立、组织结构、决议机制等，典型代表为公司法。在这一区分下，本文对两权分离的考察视角主要限定于团体法。另外，检索的文献显示，法学界多用所有权和经营权分离的概念表述，且我国经济体制改革中曾明确提出"所有权与经营权分离"，带来了诸多争议与困惑⑤，故下文首先以所有权和经营

---

① 职权，指职务范围以内的权力，即管理职位所固有的发布命令和希望命令得到执行的一种权力。
② 周游：《公司法上的两权分离之反思》，载《中国法学》2017年第4期。
③ Frank H. Easterbrook & Daniel R. Fischel, The Corporate Contract, Columbia Law Review, Vol. 89, No. 7 (1989), p. 141-148.
④ Stephen Bottomley, The Constitutional Corporation: Rethinking Corporate Governance, Ashgate Publishing Ltd., (2007), p. 49-50.
⑤ 丁栋虹：《对两权分离改革范式的十大实证性批判》，载《学习与探索》2000年第6期。

权为切入点展开讨论,而后分析控制权及其三者之间的关系问题。

一、两权分离的类型化

类型化研究,可以引导我们对两权分离形态的考察。法学视角下,所有权和经营权分离存在诸多其他表现形态,且学说纷繁复杂。例如,承包经营、租赁经营、代理经营等。但是,对各种学说理论和表现形态进行归纳、抽象与纯化后,可类型化为内部分离型和外部分离型两类。

(一) 内部分离型

1. 理论定义

当所有权和经营权存在分离,且这种分离是发生在一个独立的团体内部时,此时可以将这类两权分离称为内部分离型。具有如下特征:

其一,分离的内部性。该类型中,经营权的分离是在一个主体内部进行的权力分工,属于团体法的调整范畴。换言之,此种类型的两权分离发生且仅发生在团体内部。作为独立的组织实体,团体内部存在权力配置,从而构成科层(组织结构)。权力是组织的本质特征,[①] 团体内部两权分离产生根源在于团体治理之需要,借由权力配置资源,可以节约交易成本。

其二,人格的唯一性。团体具有组织性,外化为团体的治理结构,即团体机关。内部分离中经营权的分离是在团体及其内部机关之间进行的。换言之,两权分离命题下所有权或经营权"主体"是团体及其机关。按照法人的基本理念,团体机关自身便是团体法人的机关,故其行为便是团体法人的行为,难以解读出两个独立人格,从而具有人格的唯一性。

需要进一步明确的是团体财产的归属与利用问题。个体组成团体,财产的所有权(可称为原始所有权)已经转移给团体,个体不再享有资本的所有权,形成的是团体所有权。作为对价,个体成为团体成员并取得成员权。团体资本的使用权属于全体成员,通常是成员大会,抑或是其他团体机关。团体成员对于团体财产的使用意见需要通过成员大会,依既定的议事规则反复交换意见,将成员个体意思转化为团体整体意思(团体决议)。

换言之,团体财产由团体机关利用,但是,团体机关其借由决议行为形成的意思属于团体的意思。所以,团体财产利用主体在外部仍呈现出主体的单一

[①] 樊子君:《政治视角下的公司治理》,北京师范大学出版社2011年版,第74页。

性（个人法语境），相应的法律责任由团体而非团体机关承担。但是，团体法的视角看，团体财产是由团体内部不同机关利用，呈现为利用主体的多元性（团体法语境）。

2. 典型实例

团体法调整的团体范围较广，如农村集体经济组织、商事合伙（区别于民事合伙）等，最为典型的团体形态便是公司。

投资人将其享有所有权的货币、实物等财产让渡给公司，形成公司的财产所有权，投资者取得作为对价的股份（出资份额）的所有权以及成员权（股权）。换言之，股东对公司并不享有所有权，其与公司的连接点是基于股份所有权产生的股权。公司财产所有权由公司享有。

遗憾的是，公司法第3条并未采用"所有权"的概念，而是规定"公司是企业法人，有独立的法人财产，享有法人财产权"。对此，理论上形成了诸多学说：经营权说[1]、相对所有权说[2]、权利束说[3]，以及所有权说[4]。据考证，之所以采取"法人财产权"的表述，是受当时公有制经济体制改革的影响。[5]"旨在通过立法上的技术化处理，平息对国有企业法人经营权的争议，反映出的是一种政治上的中庸，体现出不争论的改革方针。"[6] 但是，随着市场经济的发展、法治化水平的提升以及"国家从所有者变为出资人"[7] 的角色转变，目前相关法律已然采取所有权式表述，囊括占有、使用、收益和处分等权能。[8]

---

[1] "公司财产权利三重结构说"的提出是该学派新近的发展。要义是，股东对公司资产拥有所有权，而且是一种按份共有，公司法人对公司资产享有经营权。但是在公司运作的外部关系上，公司代表全体股东与第三人交易，在这个意义上，也可以说公司的资产为股东所有。胡吕银：《现代物权思维下对公司财产权利结构的新解析》，载《现代法学》2012年第2期。张志坡老师对其提出明确的批判，参见张志坡：《公司财产权利三重结构说之批判》，载《金陵法律评论》2013年卷，第99—116页。

[2] 柴振国等：《企业法人财产权的反思与重构》，法律出版社2001年版，第16—18页。

[3] 马骏驹：《法人制度的基本理论和立法问题之探讨（下）》，载《法学评论》2004年第6期。

[4] 孙宪忠：《"政府投资"企业的物权分析》，载《中国法学》2011年第3期。

[5] "法人财产权"概念最早出现于《中共中央关于建立社会主义市场经济体制若干问题的决定》（1993年），企业中的国有资产所有权属于国家，企业拥有包括国家在内的出资者投资形成的全部法人财产权，成为享有民事权利、承担民事责任的法人实体。随后被1993年公司法第4条所采纳，并一直沿用至今。

[6] 万国华、张崇胜：《公司利益类型界定与保护法律问题研究》，载《南开学报（哲学社会科学版）》2019年第3期。

[7] 谢海定：《中国法治经济建设的逻辑》，载《法学研究》2017年第6期。

[8] 例如物权法第68条规定，企业法人对其不动产和动产依照法律、行政法规以及章程享有占有、使用、收益和处分的权利。又如，企业国有资产法第16条规定，国家出资企业对其动产、不动产和其他财产依照法律、行政法规以及企业章程享有占有、使用、收益和处分的权利。

公司对其财产享有所有权，作为追求利益的组织，公司需要利用该财产进行生产经营，故而涉及经营权问题。学理上，只有当公司发展到一定规模，股东无力亲自参与公司的经营管理时，才会出现经营权分离现象。例如，上市公司的股权分散，股东在经营方面的经验和能力欠缺，需要将经营权交由专门的管理层行使。但是，股东人数较少的有限责任公司，全体股东执行公司业务时，经营权并不分离或者分离程度较弱，委托代理问题不明显。

（二）外部分离型

当经营权分离，且发生在两个独立法律主体之间时，将这种两权分离称为外部分离型。外部分离型的两权分离，是所有权人将经营权交付给另一个独立的民事主体而形成的一种两权分离样态。

换言之，外部分离型两权分离的主体（所有权主体和经营权主体）之间存在一种松散的契约关系，多元主体之间不存在一种集合身份。

区别于内部分离型两权分离，外部分离型主要发生在平等的民事主体之间，受个人法（主要是合同法）调整，期限较短，故外部分离型缺乏内部分离型两权分离的稳定性（例如，公司存续时间长，效率追求的目标要求保持经营权的稳定性）。较为常见的有承包经营、租赁经营等。其中，颇具争议且值得探讨的是经济体制改革中采取的"两权分离"方案。

1984年《中共中央关于经济体制改革的决定》和1988年《中华人民共和国全民所有制工业企业法》都提出了"所有权与经营权分离"的思路，所有权与经营权适当分离，在一定范围内实行自主经营。但是，此处的"两权分离"并不是指公司内部职权的划分，而通常是指经营权与出资人分离，归之于企业的实际经营者（厂长、经理），是一种承包经营责任制，属于外部分离型。存在着一些难以克服的弊端：

其一，国家掌握所有权，导致企业并没有充分的经营自主权，受国家行政部门干预很大。其二，企业与国家之间处于讨价还价的地位，企业尽量压低承包基数，容易使国家利益受损。其三，用契约关系确定企业和国家的关系是一种软约束，企业只负盈不负亏。换言之，国家与企业之间并未建立以主体完全独立为特征的法律关系。

结合上述分析可以看出，国有企业改革要经历行政权与国家所有权分离，以及国家所有权与企业所有权分离的两次"两权分离"，即从"外部分离"向"内部分离"过渡。

基于此，1993年11月14日党的十四届三中全会在《中共中央关于建立社会主义市场经济体制若干问题的决定》中进一步提出了"出资者所有权与法人财产权分离"的思路。国有企业改革先后历经了从"外部统一"形态下的企业既无所有权又无经营权,到"外部分离"形态下的国家享有所有权、企业享有经营权,最终到股份制下的企业既享有所有权,又有经营权,且在公司内部进行配置的"内部分离"形态。

换言之,公司法两权分离命题中的所有权主体适宜解读为公司。股东享有的是股权,以及对股份的所有权。股东既不对公司享有所有权,亦不对公司财产享有所有权。两权分离,是在公司为所有权主体前提下进行的内部分工。

二、两权分离中的法权关系

在公司法语境下,所有权与经营权的分离应该是在公司作为一元财产归属主体,公司机关/成员作为多元财产利用主体基础上进行的内部职权分工。为充分理解这种分工,需要对其涉及的法权关系进行公司法的教义学阐释。

(一)所有权衍生经营权

所有权的有效利用,往往要在分离的权能中得到实现。权能分离理论主要观点如下:其一,权利可以分解为各种权能。所有权被分解为占有、使用、收益和处分等权能。其二,权能与权利可以进行转化。所有权权能分离后转化为他物权,他物权中又有占有、使用、收益或处分的某一项或几项权能。[①]

借鉴上述理论,对经营权作如下界定:经营权是具有经营属性权能的集合。公司经营权是在法人所有权基础上分离出来的,由占有、使用、收益和处分权能中具有经营属性的那部分权能构成的法权形态。有学者用"母权—子权结构"来形容基于所有权而产生的派生关系。[②] 这种分离是财产的一种积极实现方式,适应市场经济发展的要旨在于利用他人财产组织生产,从而最大限度地优化配置和充分利用有限社会资源。

另外,权能的横向和纵向分离会产生不同的法权形态。在个人法视角下,所有权的权能分离后由平等且独立的法律主体享有或行使,会形成权利束,诸如土地所有权和土地承包经营权以及建设用地使用权等。这种权利束涉及的是平等主体之间权利义务关系。在团体法视角下,法人所有权衍生出的经营权,具有扩张性、不平等性、侵犯性等权力特征,借由公司内部的科层结构,对公司成员具有强大的支配力和影响力,属于典型的私权力。

---

① 房绍坤:《用益物权与所有权关系辨析》,载《法学论坛》2003 年第 4 期。
② 崔建远:《论他物权的母权》,载《河南省政法管理干部学院学报》2006 年第 1 期。

经营权作为私权力，主要是一种经济性权力。"私权力主要存在于社会经济领域，表现为社会经济权力。"① 按照经济学家的观点，公司是作为不完全契约的治理结构出现的。治理结构问题本质上是一个权力结构问题。正是因为市场交易存在不可避免的成本，故而需要"权威替代价格机制对资源进行配置"②。换言之，公司内部私权力的存在，有利于减少交易成本（负外部性），从而实现公司利益的最大化。同时，这也是政治国家和市民社会区分下市民自治的体现（公权力和私权力二分）。

（二）所有权的核心在于控制

"所有权本质就是对于物的支配权。"③ 支配，是指主体对客体的一种自主作用，即主体在客体上实现自己的意志的作用，即一种控制，呈现为控制权。当然，需要对控制权进行公司法视角下的进一步解读：

其一，就形式而言，控制权主要体现为对公司法人执行机关（董事会）成员的任免权。具言之，公司全体股东基于资本民主的原则，通过股东（大）会的方式，选举产生公司法人的执行机关（董事会）具体负责公司的管理运营。原则上，股东只保留对公司董事会的选任权，并通过对公司董事的选任和解聘权的行使实现其对公司的控制。

其二，就实质而言，公司控制权是一种能力，得以在必要时能够对公司决策施加决定性影响。例如，美国法律研究院颁布的《公司治理原则：分析与建议》对公司控制权作如下界定：公司控制权是指直接或间接地对公司的管理或经营政策施加控制性影响的权力。如学者所言，"控制权是私法上的权力，本质上属于不平等的纵向支配公司决策和经营活动的法律关系"④，体现为"支配性或决定性的影响力"⑤。当然，存在事实上的支配与法律上的支配之区分，由此可以将私权力划分为事实上的私权力和法律上的私权力，如公司

---

① 社会经济权力，是指在社会生产领域以所有权为基础，通过经营管理权、产品和财产分配权等多种权力形式表现出来的控制、支配乃至统治。马克思指出："无论如何，财产也是一种权力。例如，经济学家就把资本称为支配他人劳动的权力。可见，在我们面前有两种权力：一种是财产的权力，也就是所有者的权力；另一种是政治权力，也就是国家的权力。"参见马克思、恩格斯：《马克思恩格斯选集》，人民出版社 1975 年版，第 170 页。
② [美] 威廉姆森等编：《企业的性质》，姚海鑫等译，商务印书馆 2010 年版，第 27 页。
③ 李锡鹤：《所有权定义形式之比较——与梁慧星先生商榷》，载《法学》2001 年第 7 期。
④ 郭富青：《论控制股东控制权的性质及其合理配置》，载《南京大学学报（哲学·人文科学·社会科学版）》2011 年第 2 期。
⑤ 朱羿锟：《公司控制权配置论》，经济管理出版社 2001 年版，第 30 页。

法中存在的控制权和实际控制权的区分①。

另外,权能分离视角下,公司内部的控制权具有不同的样态。法人所有权的权能分离,必然呈现为某种约定或法定的权责利关系。但是,由于有限理性以及因为机会主义导致缔约后存在拒绝合作、失调、成本高昂的再谈判等问题,契约总是不完全的。换言之,契约含有缺口或遗漏条款,无法对未来以及或然事件作出准确的预测,并进行详细的规定,故而存在部分权力没有被契约明文规定进而被置于公共领域,成为剩余权力。由此,大致可以将基于所有权权能分离产生的权力分为三部分,法定的权力(如公司法规定的权力配置)、约定的权力(如公司章程、公司决议以及股东协议对权力进行的再配置)以及剩余的权力。

(三)法权关系的厘定

控制权、经营权等"私权力"都是源自法人所有权。故此,公司内部存在权力和权利并存的现象,学者谓之"公司法权形态的二元配置"②。笔者总结归纳三者关系如下:

其一,所有权衍生出经营权和控制权。这揭示出一个经典的法哲学命题:权力源自全体缔约人权利的让渡,权力存在之目的是保护权利。简言之,权利衍生权力,权力保障权利。对权利的侵害会导致权力合法性来源基础的崩塌。控制权和经营权源自公司的财产所有权,其必须基于维护所有权(公司利益)而行使。正如找寻最佳的公司治理模式、寻求最适合的公司治理结构之终极目的,在于促使公司合理有效的运营,从而实现公司的营利目标,最终实现公司利益的最大化。

其二,控制权和经营权相异。首先,从内容上看,经营权体现为经营者可以对公司财产的运用方式予以决策;控制权则是对上述经营者享有的经营决策权的制约。其次,在表现方式上,经营权主体是直接以公司法人的名义行使对公司日常生产经营活动的决策;控制权主体则只是通过对公司董事会或经理层的影响力实现对公司经营决策的干预,从而间接实现对公司财产的支配。简言之,控制权关系企业存亡和长远发展的高层决策权;经营权是企业生产经营活动的日常决策权。

其三,控制权旨在制约经营权。所有权和经营权分离导致代理问题。所有权的核心在于控制,公司内部必须找寻一个机构行使控制权,对经营权进行制

---

① 郭富青:《公司权利与权力二元配置论》,法律出版社 2010 年版,第 172 页。
② 郭富青:《公司法权形态二元配置的法理解析》,载《甘肃政法大学学报》2010 年第 2 期。

约，否则公司的利益将变得失去保障。换言之，公司控制问题只有在所有权和经营权分离时才出现，公司只有借助控制权主体实现对公司运营有力的控制，才能确保公司自身利益得到保护。

三、两权分离中的权力配置

控制权是所有权的核心，且旨在制约经营权。无论如何配置，就个人法而言，行使主体都是公司，因为公司机关对外代表公司，并不是独立的主体。但是，团体法视角下，不同的控制权配置模式会带来公司内部不同的权力结构，进而影响公司治理的有效性。那么，公司内部应该如何对控制权（主要是剩余控制权）进行配置？

（一）传统理论及其反思

对于这一问题，传统理论的回答是值得商榷的。依照委托代理理论，谁拥有委托权，谁就享有剩余权。"现代公司治理理论的核心是要解决所有者与经营者之间因利益不一致而产生的委托与代理关系"①，这是一种以股东为主体的单边治理理论，单纯强调剩余索取权和剩余控制权的对称问题，而将剩余控制权的安排看作约定俗成。这种理论"基于一种股东'同质化'的逻辑假定，而以无差异的资本作为股份公司内部权力配置的唯一标准"②。因此，作为非人力资本提供者的股东被视为剩余权的享有者。

但是，这种以"资本雇佣劳动"传统逻辑为基础的单边治理模式，逐渐与现代公司治理实践相龃龉。例如，阿里巴巴、百度等新经济公司广泛采取双重股权结构、事业合伙人等制度，说明控制权不再是资本提供者的专属。新经济公司治理成功依赖的"不是资本而是创始股东/管理者的知识和才能"③。

Henry Hansmann 教授也曾对这种企业控制权单一性配置模式进行反思。"企业的所有权并不一定与资本的投入有必然的联系"④，投资者拥有企业的控

---

① 赵忠龙：《论公司治理的概念与实现》，载《法学家》2013 年第 3 期。
② 汪青松、赵万一：《股份公司内部权力配置的结构性变革——以股东"同质化"假定到"异质化"现实的演进为视角》，载《现代法学》2011 年第 3 期。
③ 刘胜军：《新经济下的双层股权结构：理论证成、实践经验与中国有效治理路径》，载《法学杂志》2020 年第 1 期。
④ ［美］亨利·汉斯曼：《企业所有权论》，于静译，中国政法大学出版社 2001 年版，第 19 页。

制权只是在现有的特殊经济技术条件下处于主导地位的一种所有权形式。① 依照 Hansmann 教授的观点，公司仅仅是合作社的一种特殊表现形式。无论是人力资本的投入者，还是非人力资本的投入者，甚至产品购买者，都可以被看作公司的"客户"，而公司的所有权形式也将最终取决于公司同各种"客户"的交易成本与公司自身的运营成本之和。

这是一种功能主义的配置观，虽存在笔者指摘的"经济学家忽视公司的独立法律实体地位，仅仅视公司为个体为追求个人利益最大化的活动舞台"问题，但是对我们从法学视角解读权力配置不无启发和借鉴。

组织法语境下，强调"效率""效能"的配置模式是一种基于职能的权力分工，② 一种功能主义导向的权力配置理论，"要求权力运行尽可能科学、高效"③。蕴含两条规范教义：（1）要求以机关结构决定职权归属和配置；（2）要求因应职权需要调整机构组织。④ 详言之，权力要分配给功能最合适的机关，要考虑主体的组织结构、人员资质、决议程序等因素，继而最有可能作出科学决策。同时，要求承担某项权力的机关，在组织结构、人员资质、决议程序上不断地进行相应调整，从而适应其享有的职能。

这种基于职能的权力分工为公司内部权力配置提供了理论指引。虽然公司内部存在权力制衡机制，但是，公司内部采取的并非基于属性的权力分工模式⑤。其一，规范层面，公司内部治理机关共同分享决策权。例如，公司法第46条规定董事会享有决定公司内部管理机构的设置的职权。又如，董事会可以制定公司的基本管理制度。其二，实践层面，表决权信托以及表决权委托等"权力委托"机制的存在，使得董事享有广泛的职权，决策权（立法权）和执行权（行政权）存在混同，权力分工或多或少偏离了属性论的三权划分。

如同李维安教授所言，"公司治理的目的不是相互制衡，至少，最终目的不是相互制衡，而是保证公司决策科学化。科学的公司决策不仅是公司的核心，同时也是公司治理的核心"⑥。权力配置的核心不在于自由，而在于效率，在于将职能分配给最适合承担它的机关。这要求我们不再形式化地纠结于权力

---

① 值得指出，汉斯曼教授认为企业的所有权是对一系列契约权力的控制权。参见［美］亨利·汉斯曼：《企业所有权论》，于静译，中国政法大学出版社2001年版，第19页。
② 陈明辉：《论我国国家机构的权力分工：概念、方式及结构》，载《法商研究》2020年第2期。
③ 张翔：《我国国家权力配置原则的功能主义解释》，载《中外法学》2018年第2期。
④ 张翔：《宪法程序法：国家权力配置的视角》，载《中国法律评论》2020年第1期。
⑤ 典型为西方的三权分立。依据权力属性将权力划分为立法权、行政权与司法权，继而根据权力类型划分职能部门，意图通过三权制约实现权力制衡下的三权分立模式。
⑥ 李维安主编：《公司治理学》，高等教育出版社2016年版，第11页。

的合或分，而是要以灵活而开放的方式来保证权力行使的正确性。

（二）基于资本分工视角的考察

"市场里的企业，是一个人力资本与非人力资本的特别合约。"① 抛开股东、债权人、董事、经理等各异的法律术语，公司的构成要素不外乎人力资本和非人力资本（本文所讨论的资本指专用性资本②）。生产和经营能力，本质上是一种体现在劳动者身上的人力资本，表现形式是专业知识和技能。这种经营能力是基于对人力资本的投资而获得的。

人力资本和非人力资本存在差异③：其一，产权特性不同。人力资本具有生物属性，人力资本与人力资本载体（人力资本所有者）不可分割，交易的只是使用权。同时，人力资本载体（人力资本所有者）具有主观能动性，这也决定了人力资本难以测度和计量，从而可能存在偷懒和搭便车的行为。

其二，属性特性不同。就非人力资本而言，其具有差异性和多样性。例如，公司资本可以是机器设备、知识产权、现金。同样是机器设备，可能存在制造设备和研发设备的区分。非人力资本还具有可分性，故而流动性更强。人力资本具有异质性，表现在两个方面：（1）类型差异，主要是专业知识和技能存在差异。例如，董事会和监事会成员所具有的知识类型不同，前者要求具备丰富的经营管理知识，后者则主要是合规性知识。（2）数量差异，一般来说，上市公司管理层的知识水平高于非上市的小型企业管理层的知识水平。

功能主义导向的权力分工模式，要求考虑公司内部上述不同形态资本的特性，从而进行职权的差异化配置。一方面，控制权要通过决策权体现，"这种控制关系，恰恰要通过表决权表现出来"④。决策正确性的基础便是知识和信息，决策权与知识和信息的对应是一种公司治理效率内生化的过程。故此，控制权分配需要实现决策权和知识基础的对应。知识的获取需要成本，体现为一种知识成本。

另一方面，人力资本在公司治理中具有信息优势，存在道德风险和逆向选择问题。非人力资本与其所有者的可分离性，意味着非人力资本具有可抵押的功能，容易被"虐待"，人力资本则可以通过"虐待"和"偷懒"让自己受

---

① 周其仁：《市场里的企业：一个人力资本与非人力资本的特别合约》，载《经济研究》1996年第6期。

② 专用型人力资本提供者因其投资的不可分散性而更加集中，相对于承担有限责任、能够分散投资且具有较高流动性的非人力资本提供者而言，承担了更大的风险。

③ 吴剑辉：《经济组织的治理逻辑》，中国经济出版社2005年版，第35—42页。

④ 梁上上：《股东表决权：公司所有与公司控制的连接点》，载《中国法学》2005年第3期。

益。故此，需要将委托权给予信息劣势一方，并构建相应的激励约束机制，实现剩余控制权和剩余索取权的对称。① 剩余索取权和剩余控制权的对称属于利益关系的协调，是需要成本的，称为协调成本。

资本与知识充分结合，一方面使资本获得增值渠道又避免过高的决策成本，另一方面又使智力拥有用武之地，实现人力资本价值最大化。就公司内部控制权配置来看，呈现为人力资本和非人力资本的博弈过程，要在知识成本与协调成本之间寻求均衡，从而得到最优解。

（三）权力配置命题的动态性

值得注意，不同组织形式的公司以及处于不同发展阶段公司的权力配置存在差异性。伴随着组织形态的演进，最开始权力集中于非人力资本投入者组成的股东会，后来经营权分离或部分分离，控制权仍然由非人力资本投入者集体行使，经营权则由具有专业技能的人员行使。例如，有限责任公司非人力资本投入者从事公司的生产运营，呈现出一种集权型的公司治理模式。这一模式下，权力大部分集中于股东会，经营权没有分离或分离程度较低，公司治理水平受股东知识限制，执行效率高，但是决策准确性较低。

与之相反，对于股份有限公司尤其是上市公司而言，经营权乃至控制权分配给具有相应知识基础的公司内部机关/成员，呈现出一种分权型公司治理模式，需要解决的主要问题是权力行使主体的目标函数与公司目标函数不一致的问题。

有学者将上述公司控制权逐渐由人力资本享有的现象描绘为公司治理的"智识话语权"甚至"智识多数决"②。笔者对这一概括表示赞同。的确，随着公司治理理论的深化以及公司治理实践的发展，公司控制权配置开始向特定的人力资本倾斜，使其得以对公司施加重大影响。

其一，董事会逐渐分享公司的控制权，且有日渐明显的中心化倾向。例如，依照特拉华州公司法的规定，董事享有管理公司商业及其他事务的广泛权力，有权对公司的资产（包括股权）进行处分。与之相反，股东会的权力限于以下几项：（1）董事的选任和解任；（2）批准公司的运营；（3）批准公司

---

① 信息经济学的文献一般将拥有私人信息的博弈参与人称为代理人（Agent），不拥有私人信息的博弈参与人称为委托人（Principal）。参见李维安主编：《公司治理学》，高等教育出版社2016年版，第24—25页。

② 吴飞飞：《现代公司控制权分配中"智识多数决"现象探究》，载《证券市场导报》2019年第8期。

章程和章程细则；（4）批准公司的合并、重大资产出售、股权置换、解散。①我国立法者也对这一实践趋势给予了积极回应。《民法典》第 80 条规定"营利法人应当设权力机构。权力机构行使修改法人章程，选举或者更换执行机构、监督机构成员，以及法人章程规定的其他职权"，从而大幅缩减了公司法第 37 条规定的股东会的法定职权②，一定程度上实现了董事会中心主义从理论到制度的转变。

其二，特别表决权机制日渐流行。例如，京东实行的"AB 股"机制，管理层持有的 B 股对应着 20 倍投票权，而公众持有的 A 股仅代表 1 份投票权。又如，阿里巴巴采取的"合伙人制度"，以马云为代表的 28 名"合伙人"以持股 10% 的比例牢牢掌控阿里巴巴董事会 9 个席位中的 5 个席位。据统计，标准普尔 100 指数中的双层股权结构上市公司有 9 家，占比 9%；标准普尔 500 指数中的双层股权结构上市公司 32 家，占比 6.4%。③ 国内制度实践中，2020 年 1 月 20 日优刻得科技股份有限公司在上海证券交易所科创板挂牌上市，成为我国 A 股市场上第一家采用特别表决权结构上市的公司。

人力资本分享公司控制权，既是公司自治的体现，公司根据自身情况对表决机制做出最有利于公司未来发展的安排是公司自治的应有之义④。同时，公司控制权配置给对公司经营管理、发展决策拥有"智识优势"的人，也是公司治理现代化进程中功能适当性权力配置模式的应然之义，有助于实现公司利益的最大化。

四、公司法的理性回应

所有权和经营权分离是现代公司市场化、规模化运作的必然选择。公司控制问题只有在所有权和经营权分离时才出现。控制权旨在制约经营权，且其配置逐渐在人力资本和非人力资本之间寻求动态均衡。公司法理论和规范应当回应这种变化，进行良性修改。

其一，回归团体法本位。作为规范公司、公司机关、公司成员及其相互之

---

① ［美］罗伯特·W. 汉密尔顿：《美国公司法》，齐东祥译，法律出版社 2008 年版，第 175 页。

② 根据公司法第 37 条规定，股东会享有"（一）决定公司的经营方针和投资计划……（十）修改公司章程"等 10 项法定职权，以及"（十一）公司章程规定的其他职权"规定的兜底性职权。

③ Lucian A. Bebchuk & Kobi Kastiel, The untenable case for perpetual dual-class stock, 103 VA. L. REV. (2017) p. 585–594.

④ 冯果、杨梦：《国企二次改革与双层股权结构的运用》，载《法律科学（西北政法大学学报）》2014 年第 6 期。

间的团体法,公司法修改,需要将重心从过去注重交易安全的维护向注重调整公司内部关系转变。公司内部主体之间关系主要包括两类:股东与管理层之间的关系,以及股东与股东之间的关系。前者意在解决股东与管理层之间的权限配置,管理层职权行使的激励、监督和约束等问题。例如,现行公司法第36条、第37条、第46条、第49条、第53条分别对股东会、董事会、经理和监事会的职权予以规范,从而涉及对应权限内相关决议效力的认定(股东会撤销董事会决议效力、董事会反收购决议效力、董事会僭越职权作出的决议效力等),董监高履行忠实勤勉义务的认定以及责任追究机制,等等。这是学界已经广为关注的命题。

就股东与股东之间的关系问题,一直以来未得到足够的重视,究其原因在于股东同质性理论将股东群体视为一个的整体,具有利益的一致性。但是,股东之间在参与公司治理的目的、利益以及治理能力等方面都存在差异,呈现为不同的利益团体[①]。这一命题涉及公司控制权在股东之间初始配置和再配置(特别表决权机制、表决权信托、表决权委托等),以及股东之间的利益冲突及其规制问题(股东欺压问题、控制股东的信义义务、控制股东的责任追究机制等)。

通过上述公司结构的解构和重新审视可以看出,两权分离命题涉及公司法中存在这两大不同的法律关系。故此,要强化公司法以调整公司内部主体之间的法律关系为主的团体法本位意识,以《民法典》"收编"公司法的部分规范为契机,继而对相应的规范文本进行取舍。

其二,重视人力资本的治理价值。可资考虑的路径如下:(1)探索人力资源出资机制。作为"渐次履行"的过程,人力资源出资本质上相当于"分期缴纳款"。现行公司法禁止人力资源出资,但是利益衡量的结果来看,人力资源出资既有利于社会公共利益,也有利于出资人与其他股东,且不会损害公司与债权人的利益[②]。具体制度设计如下:在出资作价方面,可参照第三方评估价值,采取股东之间约定价格为基准,并进行公示和登记。在高估风险方面,通过瑕疵人力资源出资股东的差额补足责任,董事、管理人员以及其他股东的连带责任、补充差额责任进行规制。此外,考虑到人力资源与人力资本所有者不可分的生物属性,可以采取金钱赔偿方式应对其难以强制执行的风险,以及人身保险应对人力资源出资人的伤亡风险。(2)完善特别表决权机制。大

---

① Margaret M. Blair & Lynn A. Stout, A Team Production Theory of Corporate Law, 85 VA. L. REV. (1999) p. 299 - 309.

② 梁上上:《人力资源出资的利益衡量与制度设计》,载《法学》2019 年第 3 期。

部分非人力资本出资者缺乏足够的专业知识，且过度分散，集体决策成本很高，难以作出最有利于公司运营的决策。这就容易导致公司丧失商业机会，不利于公司在"共治"决策机制下高效运行。应将信息集中到具有经营决策能力以及商业判断能力的决策主体，继而进行商业决策。故此，公司法要因应新经济公司治理以及科创板市场发展的需要，对股份有限公司"同股同权"规范作例外规定，针对公司创始人团队等对公司经营管理、发展决策拥有专业知识优势的人，提供差异化的表决权机制。同时，要对当前的特别表决权机制进行制度细化：在主体资格方面，作出审慎的限制，只允许自然人持有特别表决权股份①。在强化表决程序方面，②增加关联交易、主动退市和监事的选举与罢免3个方面的内容。在特殊表决权终止方面，引入时间型日落条款，可以限制一个期限区间供上市公司选择，到期后由股东按照"一股一权"方式决定是否继续采用特别表决结构。③另外，要强化控制股东信义义务④以及信息披露义务，完善股东诉讼制度，从而加强事后治理机制。

其三，尊重公司自治。意思自治是现代公司法的重要理论基础。法律应该保持谦抑性，原则上对公司内部关系不予干涉，而是交由公司成员自治。依照私法自治的理念，凡是不涉及公司外部法律关系的事项，均应该交由公司内部治理主体进行调整和完善。涉及如下几个方面：

治理结构上，采取差异化的制度供给。有限责任公司内部经营权未离/分离程度较低，公司治理呈现出集权特征。但是现行公司法无视这种差异，"一刀切"地强制要求公司搭建分权型的治理结构，缺乏适应性和选择性。未来

---

① 《上海证券交易所科创板股票上市规则》第 4.5.3 条第 1 款规定特别表决权股持有主体除了是自然人外还可以是法人。法人持股可能会出现金字塔控股结构与特别表决权的叠加现象，加大特别表决权股东控制权和现金流的分离程度，造成代理成本提升的风险。

② 强化表决程序制度，是指在表决特定事项时，每份特别表决权股的表决权数量与每份普通股的数量相等的表决制度。《上海证券交易所科创板股票上市规则》第 4.5.10 条规定：上市公司股东对下列事项行使表决权时，每一特别表决权股份享有的表决权数量应当与每一普通股份的表决权数量相同：（1）对公司章程作出修改；（2）改变特别表决权股份享有的表决权数量；（3）聘请或者解聘独立董事；（4）聘请或者解聘为上市公司定期报告出具审计意见的会计师事务所；（5）公司合并、分立、解散或者变更公司形式。

③ 笔者认为，采取这样半强制性的规定，既可以防止相应条款流于形式，又不会侵害公司的自治权。

④ 特别表决权的控制力会加剧控制股东与普通股东之间的道德风险，即会产生壕堑效应和隧道效应。控制股东通过较少的成本获得公司的控制权，而普通股东却以较多的成本拥有较少的控制权，此时普通股东和控制股东之间便形成了代理关系。普通股东无法通过投票权实现对控制股东的监督，从而增加了代理成本。反过来，又会由于普通股东难以通过投票对上市公司的控制股东产生影响，导致监督机制失灵。长此以往，控制股东便会怠于履行对普通股东的信义义务，增加代理成本。

公司法修改，应该赋予有限责任公司自主选择权，由治理主体在章程中自由进行治理结构的选择与搭建。

在治理模式上，只有公司成员知道需要选择什么样的治理模式才会适合市场发展，对于创新型公司尤为如此，立法者不应该也没有预见能力为公司作出唯一的选择，故此应该将治理模式的选择权交还给公司，只需要在保障公司正当发展与维护控制股东和中小股东之间的利益平衡方面做好制度保障即可。

另外，要对公司法进行"去管制"。学界共识公司法中强制性规范过多。公司法修改要在遵循团体法理念和公司自治的基础上，扩容公司法的缺省性规范，实现管制型公司法向自治型公司法的转型。即便是强制性规范，在其适用上，只有对于强制或禁止为一定行为的命令规范的违反才有制裁的问题，对界定私法上形成及处分权利义务界限的赋权规范，并无真正的"违反"问题。[①]故此，公司法关于权力配置的规范，仅涉及私法自治内部"权限"问题，而非私法自治"内容"界限问题，当由公司内部进行自我安排。

五、结语

两权分离是公司法学研究必须深入阐述的经典命题。经济学等学科在对两权分离命题的研究中忽视公司独立法人地位，与法学学科存在较大差异。因此，本文尝试基于团体法的视角，对两权分离命题中存在的诸多困惑予以阐释。

其一，两权分离命题中的所有权主体适宜解读为公司。股东享有的是股权（成员权），以及对资本份额（股份）的所有权。股东既不对公司享有所有权，亦不对公司财产享有所有权。两权分离，是在公司为财产所有权主体前提下进行的内部权力分工。

其二，两权分离应解读为公司所有权和公司经营权分离。对不同形态的公司以及同一公司所处的不同阶段而言，分离程度不同。在此基础上才涉及公司控制权问题。控制权和经营权具有扩张性、不平等性、侵犯性等权力特征，对公司成员具有强大的支配力和影响力，具有权力属性，无法嵌合至围绕平等主体构建的权利体系之中，宜解读为私权力。所有权衍生控制权和经营权，且控制权旨在制约经营权。

其三，公司内部控制权的配置状态，是人力资本和非人力资本博弈的结

---

① 例如，依公司法第16条"由董事会或者股东会、股东大会决议""必须经股东会或者股东大会决议"之文义，该条当属于赋权规范，未经适当的公司机关决议签订担保合同当属于逾越权限行为。

果，要在知识成本与协调成本之间寻求均衡。公司控制权配置给对公司经营管理、发展决策拥有"智识优势"的人，是公司治理现代化进程中功能适当性权力配置模式的应然之义，是实现公司利益最大化的必然选择。公司法修改应当在制度理念、体系结构、规范文本等方面对上述问题予以回应，扩容公司法的缺省性规范，实现从管制型公司法向服务型公司法的转型。

（责任编辑　黄家星）

古代中国家庭内部性别间的权力冲突与平衡*
——以"宝玉挨打"为例

米传振**

摘　要：对于"宝玉挨打",有多重原因可能但并不必然导致宝玉的挨打,导致宝玉挨打的真正原因是贾政害怕集体连带责任祸及整个家族。"夫死从子"的儒家规范与古代社会实践相抵牾;孝道协调了母亲的母权与儿子的父权之间的权力冲突,可能使母亲的母权超越儿子的父权;母亲在日常家事管理中生产出的权威也可能使母亲的母权超越儿子的父权。一家之内,借助个人智识禀赋的"知识女性"以及充分发挥管理才能的女性均可能在中国传统家庭内部发生女性对男性的支配权力的反转。知识和管理技能增加了女性在家庭权力天平中可使用的砝码分量,使女性对男性的支配权力形成反转。基于比较优势理论的"男耕女织"是有效率的性别分工,妇女通过生产活动对家庭作出了与男性同样重要的贡献,正视女性的生产经营、管理家务和抚育子女等活动有利于矫正我们对传统女性"幼从父兄,嫁从夫,夫死从子"的教条式刻板印象。古代家庭的真正"齐家"不能缺少女性的力量。

关键词：宝玉挨打　母权　父权　权力冲突　权力分布

一、问题的提出：女性总是"幼从父兄,嫁从夫,夫死从子"吗？

本文将运用法律和社会科学的研究进路以《红楼梦》第33回的文本为主

---
* 本文系2021年成都市哲学社会科学规划研究项目"单位小组式网络舆情治理机制"（项目编号：2021CS065）的阶段性研究成果。

** 米传振,成都大学法学院讲师、法学系副系主任。

要分析材料，对"宝玉挨打"的文学故事进行分析，并试图从该文学文本中提炼出具有理论意义的法律问题，同时，通过对"宝玉挨打"这一家庭内部冲突的学理分析，透视在中国古代社会家庭内部男性与女性之间的权力分布状况。人们一般认为，除了男女有别，① 中国古代社会对家庭内男女关系的基本要求是："男帅女，女从男，夫妇之义由此始也。妇人，从人者也。幼从父兄，嫁从夫，夫死从子。"② 女性对男性自始至终的服从、从属角色成为我们理解中国古代社会家庭内部男女权力关系的刻板印象，然而，本文分析显示女性对男性的服从、从属角色并不是绝对的、无可更改的，而是在一定条件下，女性对男性的服从角色将发生反转，如"嫁从夫，夫死从子"的情形以及借助某些约束条件更容易发生上述权力的反转。由此，本文将要解决的问题是在何种条件下中国古代社会女性对男性的服从角色将发生反转？在何种情况下权力天平在中国古代传统家庭内部的分布状态更倾向于女性这一端？而这对于我们认识古代社会的家庭又有何启示意义？

对于文学作品何以可能作为研究法律问题的材料的问题，朱苏力教授在《法律与文学：以中国传统戏剧为材料》一书中给出了他的思考，论证了"即使是纯虚构的文学作品也可能为我们提供有关历史的知识"③，"这些人物和故事是虚构的，重要的是这类社会现象不是虚构的"④。波斯纳也论证了"我们可以从一些文学作品中学到很多关于法理的知识"⑤。此外，有学者也认为"故事研究的真实性更重要的是看其社会生活逻辑和情理是否真实"⑥，笔者认同以上思路。对于学术研究而言，文学作品之所以能够再现社会事实，是因为研究者追求的是逻辑真实而非事实真实。如果人们对于该文学文本内容的认知符合社会生活逻辑，且又有其他相关的材料和学者研究作为辅助性证据，那么以该文学文本为材料展开分析论证之后所提炼出的理论问题就是真实的、有意义的。有学者认为《红楼梦》关于中国传统社会——制度、典章、器物以及人们生活方式的描写，乃是高度真实与虚幻的统一，其中存在可以与传统社会

---

① 参见苏力：《齐家：男女有别》，载《政法论坛》2016 年第 4 期。
② 李慧玲、吕友仁注译：《礼记》，中州古籍出版社 2010 年版，第 99 页。
③ 参见苏力：《法律与文学：以中国传统戏剧为材料》，生活·读书·新知三联书店 2006 年版，第 308 页。
④ 参见苏力：《齐家：男女有别》，载《政法论坛》2016 年第 4 期。
⑤ 参见［美］理查德·A. 波斯纳：《法律与文学》，李国庆译，中国政法大学出版社 2002 年版，第 6 页。
⑥ 翟学伟：《事实再现的文学路径——建构社会与行为科学中的人文方法》，载翟学伟：《关系与中国社会》，中国社会科学出版社 2012 年版，第 45 页。

和现代社会互为解释的巨大空间。① 由此，本文选择以"宝玉挨打"的文本作为分析材料是可行的。

二、问题的分析：母权与父权之间的权力冲突

《红楼梦》第 33、34 回写"宝玉挨打"，其故事梗概是：因贾宝玉调戏丫鬟金钏儿之事被王夫人发现要将金钏儿撵出去，导致金钏儿投井。宝玉为金钏儿之死失魂落魄、垂头丧气，惹得宝玉之父贾政生气。贾政误以为宝玉在外包养了忠顺王府忠顺亲王的男宠戏子蒋玉菡，这惹怒了素日不和贾府来往的忠顺王府，因此贾政大为生气。贾环在贾政面前恶意中伤宝玉将金钏儿"强奸不遂，打了一顿"致使金钏儿赌气投井而死。至此，贾政觉得宝玉"在外流荡优伶，表赠私物，在家荒疏学业，淫辱母婢"便要打死宝玉，王夫人和贾母先后赶来救贾宝玉，薛宝钗、林黛玉、王熙凤、薛姨妈等人先后来看望贾宝玉。②

（一）文献综述

有早期的文章批判了从"封建反封建之说"理解"宝玉挨打"的观点，认为贾政痛打宝玉只是责子心切；③ 有人认为根据《大清律例》贾宝玉应被判处极刑，④ 因该观点未考虑到贾宝玉与金钏儿的主奴身份之别，失之偏颇；有观点认为贾政之所以要打宝玉是因为他平时就觉得宝玉不思上进，聪明没有用到正道上，何况宝玉这回犯的是"流荡优伶""表赠私物""淫辱母婢"的大错，⑤ 此种认识未能看到贾宝玉挨打的本质原因；有研究认为从贾政的视角来看杖责贾宝玉"是来自于家族和国家家长权的行使"⑥，该分析有一定道理；还有研究认为王夫人污蔑婢女致自杀身亡，可能担负刑责，但也可能由于贵族官吏家属的身份而完全不担责，若贾环诬告宝玉之罪坐实，贾宝玉可能承担徒

---

① 参见尹伊君：《红楼梦的法律世界》，商务印书馆 2014 年版，第 21 页。
② 参见曹雪芹著、无名氏续：《红楼梦》，人民文学出版社 2008 年版，第 411—451 页。
③ 参见周五纯：《重论"宝玉挨打"》，载《南京师大学报（社会科学版）》1996 年第 3 期。
④ 参见余宗其：《中国文学与中国法律》，中国政法大学出版社 2002 年版，第 154 页。
⑤ 参见尹伊君：《红楼梦的法律世界》，商务印书馆 2014 年版，第 70 页。
⑥ 参见乔惠全、曲海勇：《贾宝玉的罪与罚：宝玉挨打的法律分析——以〈大清律例〉和〈刑案汇览〉为视角》，载《江苏警官学院学报》2012 年第 5 期。

刑、充军之责，这是贾政盛怒和宝玉挨打的法律上的原因。① 由于该分析忽略了金钏儿作为丫鬟确实有吃宝玉荷包里的香雪润津丹，以及挑唆宝玉"你往东小院子里拿环哥儿同彩云去"等越轨和大逆不道的行为，② 换言之，王夫人并未污蔑金钏儿，金钏儿作为婢女也确实挑唆了宝玉，以及忠顺亲王前来兴师问罪这一至关重要的官场政治因素，可以得出宝玉可能承担徒刑或充军之责的结论是错误的。张景卫对"宝玉挨打"的分析认为"宝玉挨打"体现出情与法的纠葛，"情"成了贾政"执法"的障碍。③ 除了以上文献，根据笔者检索，目前并没有学术研究认识到"宝玉挨打"的真正原因，也没有研究在对这一精彩文学故事的分析中提炼出有意义的法学理论问题。

本部分将依次分析"宝玉挨打"的深层次原因是什么？王夫人和贾母为解救贾宝玉为何采取书中的应对策略？还将追问到底是母权大还是父权大？特别是一家之中父亲死去儿子接任家长而儿子的母亲尚在的情况下，儿子和母亲对于家庭的权力之间的矛盾如何协调、平衡？对以上问题的分析有何可能的启发意义？

（二） 可能导致"宝玉挨打"的原因

首先，贾政作为贾宝玉的家长，天然地对宝玉有进行惩罚的权力。中国的家族是父权家长制，一切权力都集中在家长的手中，家族中的所有人包括家族中的奴婢都在他的权力之下，当子孙违背父亲的意志，社会和法律都允许父亲可自行使权威加以惩责，典型的孝子受父母的扑责不但不当逃避，并且应当受之怡然。④ 贾政身为贾宝玉的家长，自然有权管教宝玉。由于父母对子女的管教惩戒权是绝对的，不问是非对错，⑤ 前文所谓子孙违背父亲的意志，并不要求以子孙有过错为前提，无论子孙是否有过错，家长都能对该子孙行使管教惩戒权。换言之，家长行使管教惩戒权可以不问子孙是否有过错，子孙对家长承担绝对的严格责任。所以，贾政作为宝玉的家长，对宝玉有进行惩罚的权力，这一权力是社会和法律所给予的，且不问贾宝玉过错与否。

其次，从礼的角度，儒家以礼为行为规范和维持社会秩序的工具，每个人

---

① 参见薛文超：《司法裁判结果责任的古今之辨——以〈红楼梦〉自杀事件的解读为例》，载《东方法学》2017 年第 5 期。
② 曹雪芹著、无名氏续：《红楼梦》，人民文学出版社 2008 年版，第 411 页。
③ 参见张景卫：《〈红楼梦〉中的"情"与"法"》，载《人民法院报》2021 年 2 月 19 日。
④ 参见瞿同祖：《中国法律与中国社会》，商务印书馆 2010 年版，第 6—7 页。
⑤ 瞿同祖：《中国法律与中国社会》，商务印书馆 2010 年版，第 16 页。

必须按照他自己的社会地位去选择相当的礼，否则便是非礼。① 贾宝玉在会客时慢慢吞吞，失魂落魄，六神无主，这在儒家规范看来实属失礼。因为失礼，宝玉有可能被打。宝玉所会见的客人贾雨村是官场政客，从贾家家族利益角度考虑，为了贾家长远的富贵，贾家需要宝玉适应官场和学会结交政客，而宝玉却始终不成器，这可能也是导致贾政失望的一个原因。从伦常的角度，贵贱、尊卑的伦常纲纪需要靠礼来维持完成。② 贾政听到家里竟然有奴婢因被贾宝玉强奸未遂跳井而死之后"面如金纸"，在贾政看来，贾家"自祖宗以来皆是以宽柔以待下人"，即以礼来对待下人，所以贾家原本是和谐有序的，而宝玉作为主子欲强奸身份低贱的丫鬟的行径便违背了尊卑贵贱的伦常纲纪，成了贾家的"逆子"，致使祖宗颜面蒙羞并最终破坏了贾家和谐的秩序——正常的伦常。由此可知，因为宝玉破坏了贾家和谐的伦常秩序也可能会遭到贾政的答挞。

再次，在《红楼梦》的行文中，正是由于贾环在贾政面前对宝玉"强奸"金钏儿的恶语中伤促使贾政瞬间大怒，所以，本文实有必要讨论一下主奴之间的奸非罪问题。据瞿同祖先生的研究，奴婢及其子女是属于主人所有的，可以由主人任意处分；男主人对于女婢的性要求甚至可以说是男主人的权利，婢和主人的性关系是受社会和法律所默认的。③ 这在根本上说是因为"中国古代的法律将奴婢视为官府或其主人的私有财产"④。由此可知，宝玉作为丫鬟金钏儿的男主人，不管贾环是否中伤宝玉"强奸金钏儿不遂"致使金钏儿投井，即便是宝玉和金钏儿真的发生了性关系且因此导致其投井自杀，从当时社会的观念以及法律来看，宝玉并不会因此获罪。所以，宝玉也并不必然因此挨打。然而，此处仍可继续深入探讨下去：虽然主奴间的性关系不受法律制裁，但并不代表这种行为不受具体或特定环境下的道德约束，特别是像贾家这样的诗书之家，非常重视礼教而忌讳奴婢勾引、挑唆公子哥儿。比如，《红楼梦》里第74回王夫人仅仅因为发现晴雯长相比较狐媚、"妖精似的"，就在第78回找了个借口把她撵出了大观园。出于维护贾家正常道德秩序的考量，贾政可能也会打宝玉。

最后，由于金钏儿是因宝玉调戏而被王夫人逼死，所以，本文仍有必要讨论一下主奴之间的杀伤罪。由于扑责奴婢是主人当然的权利，即使因此而致

---

① 瞿同祖：《中国法律与中国社会》，商务印书馆2010年版，第327页。
② 瞿同祖：《中国法律与中国社会》，商务印书馆2010年版，第318页。
③ 瞿同祖：《中国法律与中国社会》，商务印书馆2010年版，第272页。
④ 郭建：《戒石铭与皮场庙：中国古典名著的法眼解读》，北京大学出版社2012年版，第157页。

死,只要事出无心,并非故意殴死,便可不负责任,法律所禁止的是非刑和擅杀,① 所以,即使金钏儿已死,由于宝玉是主子,并非故意殴死金钏儿,且王夫人并未污蔑金钏儿,金钏儿作为婢女也确实有挑唆宝玉的实际行为,所以宝玉和王夫人都不必为金钏儿之死负法律责任。由此可见,即使金钏儿确实投井而死,也不必然导致宝玉的挨打。

(三)"宝玉挨打"的真正原因

至此,以上的讨论只是论证了宝玉可能因为诸多不端行为或者不符合伦理纲常的行为而挨打,但是仅仅是可能原因,并非必然原因。即便这些可能的原因形成合力可能导致宝玉的挨打,但还不至于贾政一定要打宝玉。那么,宝玉挨打的深层次原因是什么?

中国的家庭和家族重视祖先崇拜。在贾政看来,宝玉"在外流荡优伶,表赠私物,在家荒废学业,淫辱母婢",这样发展下去会"弑君杀父"必须打死,"免得上辱先人,下生逆子",所以贾政打宝玉是在打贾政自己,为他的不能光宗耀祖而赎罪自责。贾家家族的集体利益才是贾政不得不考虑的问题。需要特别注意的是:贾宝玉被忠顺亲王怀疑包养了他的男宠蒋玉菡而被兴师问罪,由此可知宝玉"隐藏"蒋玉菡的行为得罪了忠顺王府,而据《红楼梦》第33回"贾家素日并不和忠顺府往来",② 可见贾家和忠顺亲王府分属两种不同的政治阵营。红学考证派集大成者周汝昌考证真正窝藏蒋玉菡的是与贾家相交甚厚、关系密切、"同难同荣"的北静王,真正争夺蒋玉菡的是北静王和忠顺王,而贾府的败亡正是北静王忠顺王等"王爷一级"的政治巨变的干连结果。③ 红学家里的索隐派也认为蒋玉菡名字的谐音"玉函"的寓意是玉玺,争夺蒋玉菡是两个互相对立的政治集团北静王府和忠顺王府在争夺最高权力。④ 作家刘心武也认为《红楼梦》里面有两军对垒的利益派别,义忠亲王、北静王是一派,忠顺亲王是一派,忠顺王去贾府索要蒋玉菡即是上述两派的短兵相接。⑤

即便我们不能确定争夺蒋玉菡背后是否是两个互相对立的政治集团北静王和忠顺王在斗争,但是,从贾政说"素日并不和忠顺府来往"以及说宝玉

---

① 参见瞿同祖:《中国法律与中国社会》,商务印书馆2010年版,第260—261页。
② 参见曹雪芹著、无名氏续:《红楼梦》,人民文学出版社2008年版,第440页。
③ 参见周汝昌:《红楼小讲》(插图典藏本),周伦玲整理,中华书局2016年版,第146—154页。
④ 参见刘心武:《刘心武揭秘〈红楼梦〉》,东方出版社2005年版,第144页。
⑤ 参见刘心武:《刘心武揭秘〈红楼梦〉》,东方出版社2005年版,第159—160页。

"无故引逗他（蒋玉菡）出来，如今祸及于我（贾政）"，① 我们可以肯定，贾家和忠顺王在政治上并非一派，贾政担心因为宝玉得罪忠顺王而因此祸及自己乃至整个家族。在古代"团体责任"的原则下，凡部族成员造成的伤害、引起的报复，后果均由全体承担，罪罚依血缘、人身依附关系、宗派团体等转承分担。② 中国的夷三族刑"血缘关系最近的亲属也同时被杀，使被此刑者族灭无后"，③ 而"清代将抄家无度推广，官场上获罪被抄成为常态"。④ 在古代社会集体连带责任的原则下，极有可能因宝玉一人的肆意妄为得罪忠顺王而祸及贾家所有的家族成员，如若真的因此而祸及贾家全族，对于贾政而言是难以承受之重。这种社会集体连带责任的存在才是贾政必须打宝玉的真正原因。

笔者的这一分析结论还和一些作家的观点互相印证。比如，作家蒋勋说："贾政痛打宝玉的理由很有趣：你玩别的戏子也就算了，你竟然敢动忠顺王府的人"，⑤ "古代的官场也有它的派系……总之我相信这其中有政治的因素"，⑥ "他（贾政）有可能会因此丢官，因为王爷是得罪不起的，这才是重点"⑦。作家刘心武的分析也认为"金钏儿投井是辅助的原因，火上浇油的原因"，贾宝玉得罪了忠顺亲王是"贾宝玉被其父亲往死里打的根本原因"。⑧ 此外，由于惩罚措施不仅是进行镇压、防范、排斥和消灭的"消极"机制，它们还具有一系列积极的、有益的效果。⑨ 在这个意义上，贾政打宝玉极有可能是做给前来兴师问罪的忠顺亲王府看的，有一定的表演成分，贾政借笞挞宝玉向忠顺亲王府谢罪和承认错误以换取政治上的和平。

（四）王夫人与贾母"先打死他，再打死我"的话语策略

从学术的进路分析宝玉挨打，应当将"宝玉挨打"看成一个动态、连续的过程，上文已经分析了"宝玉挨打"、贾政管教惩戒贾宝玉的根本原因，除此之外，我们还要进一步分析"宝玉挨打"这一文学冲突又是如何一步一步解决的。

---

① 参见曹雪芹著、无名氏续：《红楼梦》，人民文学出版社 2008 年版，第 441 页。
② 参见冯象：《政法笔记》（增订版），北京大学出版社 2012 年版，第 109 页。
③ 参见张建国：《夷三族解析》，载《法学研究》1998 年第 6 期。
④ 参见云妍：《从数据统计再论清代的抄家》，载《清史研究》2017 年第 3 期。
⑤ 蒋勋：《蒋勋说红楼梦（第四辑）》，上海三联书店 2011 年版，第 56 页。
⑥ 蒋勋：《蒋勋说红楼梦（第四辑）》，上海三联书店 2011 年版，第 61—62 页。
⑦ 蒋勋：《蒋勋说红楼梦（第四辑）》，上海三联书店 2011 年版，第 64 页。
⑧ 参见刘心武：《刘心武揭秘〈红楼梦〉》，东方出版社 2005 年版，第 143 页。
⑨ 参见［法］米歇尔·福柯：《规训与惩罚》，刘北成、杨远婴译，生活·读书·新知三联书店 2012 年版，第 26 页。

瞿同祖认为古人始终认为女卑于男的主观意识、男尊女卑理论造成了夫妻不平等的事实，相对于母亲，父亲自然是对子女行使亲权的第一人。"事实上当母权与父权冲突之时，则夫权越于妻权，父权越于母权，子女应当服从父亲的最高命令。"① 如若做父亲的要管教惩戒子女，做母亲的即便再宠溺子女也无权阻挡，因为"母权是得之于父的"。② 王夫人的权力依附于贾政，所以我们才会看到王夫人在解救贾宝玉之时不敢违拗其丈夫贾政，她根本不去劝说贾政不要打儿子，反而先是承认宝玉该打，再又接着搬出贾母来。王夫人说："宝玉虽然该打……打死宝玉事小，倘或老太太一时不自在了，岂不事大！"贾政并未住手要拿绳索勒死宝玉。此时，我们看到王夫人对贾政说："既要勒死他（指贾宝玉），快拿绳子来先勒死我，再勒死他"这样的话。在母以子贵的古代中国，贾政勒死贾宝玉就等同于断绝了王夫人的生命。

然而，甚至作为贾府权力最高者的贾母来解救宝玉之时说到的第一句话也是："先打死我，再打死他（指宝玉），岂不干净了！"笔者不禁要问：为什么贾母的话语策略和王夫人和话语策略如出一辙？虽然贾母在贾家处于最高的地位，但"多年媳妇熬成婆"，贾母作为女性，也曾体验过"王夫人"的角色。《红楼梦》第 45 回贾宝玉的奶妈赖嬷嬷在凤姐、李纨、平儿面前，指着宝玉说："如今老爷不过这么管你一管，老太太护在头里。当日老爷小时挨你爷爷的打，谁没看见的……还有那大老爷……也是天天打。还有东府里你珍哥儿的爷爷，那才是火上浇油的性子，说声恼了，什么儿子，竟是审贼！"③ 从这些生动的细节可以看出贾母年轻时她的儿子们遭受过多次比宝玉挨打还要严重的挨打，而当时的贾母也必定向现在的王夫人一样使用过"先打死我，再打死他"的话语策略。从根本上看，儒家规范赋予男性家长在一家之内的支配权力造成了所有传统社会女性"先打死我，再打死他"的话语模式和生命形态。"先打死我，再打死他"式的女性依附男性的话语策略已经成为她们身体里的印记，我们应该用历史的眼光语境化地理解古代中国女性依附于男性的语言模式和行为方式。

"天下无不是的父母"，前文已经提及父母对子女的管教惩戒权是绝对的。父母管教惩戒子女根本不需要任何理由，子女对父母的管教惩戒行为也不能进行任何分辩。所以我们才会看到后面贾母前来救宝玉之时对贾政的训斥完全是主观性的、不分缘由的。贾政有绝对的权力管教惩戒其儿子贾宝玉；贾母亦有

---

① 参见瞿同祖：《中国法律与中国社会》，商务印书馆 2010 年版，第 20 页。
② 参见瞿同祖：《中国法律与中国社会》，商务印书馆 2010 年版，第 19 页。
③ 参见曹雪芹著、无名氏续：《红楼梦》，人民文学出版社 2008 年版，第 602—603 页。

绝对的权力管教惩戒其儿子贾政。实际上，笔者在此必须明确指出：整个贾家，只有贾母一人可以解救宝玉。贾政作为儿子对其母亲贾母不能有任何顶撞和违逆，而只能顺着贾母。这才是儒家的孝道。因为孝道，贾政可以对宝玉"大承笞挞"，还是因为孝道，贾政又必须听从贾母的训诫。当然，声誉机制同样也在起作用，贾政作为官场政客必然在意自己是否给人留下了一个孝子的名声。因为孝道，贾政必须听从贾母的训诫，且无论该训诫有无道理贾政均会遵行。王夫人把贾母搬出来压贾政，即是用儒家的孝道来警告贾政，这对于解救宝玉实是十分明智的话语策略。以上分析显示：为了有效解决同一个矛盾纠纷，不同的人针对同一说服对象会使用不同的话语策略，而决定话语策略选择的重要变量是参与解决矛盾的一方与引发矛盾的一方的关系，诉诸关涉引发矛盾一方的切身利益的话语策略，以及诉诸引发矛盾一方在伦理道德层面不敢违拗的更高者更利于解决矛盾。

三、问题的追问：对"幼从父兄，嫁从夫，夫死从子"的质疑

（一）对"夫死从子"的质疑：母权与父权（家长权）的协调

贾母在解救贾宝玉之时对贾政说"你的儿子，我也不该管你打不打"，承认了贾政作为父亲教训儿子贾宝玉的权力，但是，贾母又斥责贾政"你分明使我无立足之地"，[①] 贾母前后矛盾的话语使我们发现了她尴尬的处境：贾母一边既承认她不该管贾政打儿子，一边又要斥责贾政不该打他的儿子，换言之，贾母对于贾政的母权与贾政对于贾宝玉的父权在宝玉挨打之时发生了交锋，此次交锋的结果是母权毫无悬念地胜出。由此，我们发现所谓"妇人，从人者也。幼从父兄，嫁从夫，夫死从子"中的"夫死从子"的儒家规范与古代中国社会的实践做法发生了脱节。

由此，在"夫死从子"的情况下到底是作为母亲的母权大还是儿子的父权（家长权）大？特别是家族之中父亲死去、母亲尚在、儿子接任父亲成为家长的情形，一家之内母亲与成年儿子之间的权力矛盾如何协调？在贾家，显然贾母史太君的权力最大。但是贾母的权力来自哪里？

1. 孝道协调了母亲的母权与儿子的父权使两者相互平衡，甚至使两者之间产生紧张

贾母的权力在一定程度上来自以伦理道德和血缘关系为基础的孝道。如前

---

① 参见曹雪芹著、无名氏续：《红楼梦》，人民文学出版社2008年版，第445页。

所述，由于父母对子女的严教惩戒权是绝对的，因为孝道，贾政作为父亲可以对宝玉"大承笞挞"，而贾政作为儿子又必须听从贾母的任何训诫，孝道使贾母对其子的母权超越了贾政对其子的父权。可见，孝道会使母权在一定程度上超越父权，但是这种情况并不是绝对的，因为同样的道德对不同人的约束力并不绝对一样。比如，《红楼梦》中薛姨妈管不住她的儿子"呆霸王"薛蟠，薛蟠也是没有父亲只有母亲，我们看到薛蟠可以为所欲为，完全不听从其母亲薛姨妈的管教。所以，母亲的母权会对儿子的父权有所牵制，但是这种牵制并不绝对。另外，对于贾家这一特定家族而言还有更为特殊的因素，即贾母是一品诰命夫人，为了使贾家的爵位和富贵世袭下去，贾母便是贾家和皇族发生联系的一个"通道"或者说"联结点"，于是，母权与皇族皇权相联系的事实也使得贾母的母权超越了贾政的父权。

孝道协调母亲的母权与儿子的父权之间，或者孝道使母亲的母权超越儿子的父权的现象，不但在对"宝玉挨打"的文本分析中显现，而且在现实生活中得到淋漓尽致的体现。生活在19世纪末20世纪初一个偏僻乡村的下层绅士刘大鹏，在日记中记下了"自己回家后并没有遵照母亲的心意，因而自己是天下最不孝的逆子"①，"当家庭面临灾难时，刘大鹏深信这是上天对其缺乏孝心的惩罚……将自己的病痛归结为不够孝顺"；已经44岁的刘大鹏想当家作主"但是孝道意味着他必须尊崇母亲，而孝心意味着他必须因争论而负疚……类似的母子争吵让刘大鹏产生很强烈的罪恶感和愧疚感"②。我们看到，孝道可以被用来平衡儿子与母亲在家庭权力分配上的紧张关系，循此路径，孝道塑造了中国传统家庭内部在权力上的不平等。

2. 女性可能因公法上的责任享有家长之权责，而成为准家长

据瞿同祖先生的研究，严格说父权实指家长权，只有男人才能获得此权，如果儿子未成年，名义上也须由亲等最近的旁系男性尊亲属负教养监护之责代行父权。在家无二主的最高原则下，女子便被排斥于家长之外，只有家中男系后裔才有做家长的资格，妻不得为家长，就是夫死也只能由子或孙继之为家长，母或祖母虽尊于子孙也轮不到他们。③ 但是，中国古代法律在设定家长权

---

① ［英］沈艾娣:《梦醒子：一位华北乡居者的人生（1857—1942）》，赵妍杰译，北京大学出版社2013年版，第52页。

② 参见［英］沈艾娣:《梦醒子：一位华北乡居者的人生（1857—1942）》，赵妍杰译，北京大学出版社2013年版，第53—55页。

③ 参见瞿同祖:《中国法律与中国社会》，商务印书馆2010年版，第121页。

利的同时，还规定了家庭对国家、社会的义务，这种义务往往由家长来承担。① 据陈顾远的研究，由于家长具有呈报户籍、纳税报税以及刑事责任等公法上的责任，"家无男丁之事实既莫能免，设置家长又不可无，于是汉唐遂有女户头或女家长之事例"②。另外，又据《大清律辑注》："不言家长之父母、祖父母者，盖家长统一尊。祖在则祖为家长，父在则父为家长。若祖父不在，而祖母与母应同家长。"③ 可见，瞿同祖所说女子被排斥于家长之外的观点并非绝对，更多属于一种"应然"状态。在古代中国社会，多数情况下的家长是由男性们承担，但是，在一家之中祖父与父亲均不在世的特殊情形下，由于国家对家户设定了呈报户籍、纳税报税以及刑事责任等公法责任，国家不得不设定由某人承担以上诸多公法职责，由此，祖母与母作为女性也有可能由于国家为方便实现诸多公法责任而在实际上享有家长之权责，成为准家长。

3. 多年媳妇熬成婆：作为母亲的女性在日常家庭事务管理中生产出在家庭内的权威

除了孝道以及公法责任可能使母亲的母权超越儿子的父权以外，母亲作为女性在日常家事的管理中自然而然地生产出来的权威，也可能使得母亲与儿子之间的权力关系变得紧张。据瞿同祖先生，母权最主要的内容是子女的教养权、主婚权、家事管理权和财产权，④ 在具体而微的社会生活中，妇女可能因为丈夫和儿子外出工作或在外经商而在长期的持家过程中随年岁增长积蓄了一定的权威，妇女借助她管理家庭事务的才能在一家之内形成自己的权力。透过下层绅士刘大鹏的日记，可以看到1901年的春天，法、德军队在山西边境集结，当洋人进军的消息不断传来时，刘大鹏和他的母亲发生了旷日持久的争论，刘母希望外出避难，但是刘大鹏不同意，"几天后，他明白地说是因为自己教训了仆人而惹得母亲大人心烦……但是看上去像是因为刘大鹏篡取了家中原本属于母亲的权威"⑤。汉学家高彦颐（Dorothy Ko）的研究也发现："虽然男性一直宣称对家庭财产拥有法律权力，并且父亲享有对妇女和孩子的权威，但作为家务的实际管理者、母亲及儿女的教育者，家庭主妇无疑拥有充分的机

---

① 参见宇培峰：《"家长权"研究——中、西文化视野中的"家长权"》，中国政法大学2011年博士学位论文，第17页。
② 陈顾远：《中国法制史概要》，商务印书馆2011年版，第228页。
③ [清]沈之奇撰，李俊、怀效峰点校：《大清律辑注》，法律出版社2000年版，第752页。
④ 参见瞿同祖：《中国法律与中国社会》，商务印书馆2010年版，第121页。
⑤ 参见[英]沈艾娣：《梦醒子：一位华北乡居者的人生（1857—1942）》，赵妍杰译，北京大学出版社2013年版，第52—53页。

会,对家庭事务产生影响。"① 想一想人们在日常生活中所说的"多年媳妇熬成婆",一个"熬"字恰恰包含了长时段的岁月所赋予女性的丰富经验和阅历,女性从微不足道的儿媳妇变为作为一家之长的儿子的母亲等复杂过程,正是在媳妇熬成婆的这一过程中在家庭内部发生了女性对男性的支配权力的反转。

(二)对"幼从父兄,嫁从夫"的质疑:女性对男性权力的反转

前文提到多种原因可能使母亲的母权超越儿子的父权,其中包括了母亲在日常家事管理中生产出的权威可能对平衡母亲与儿子之间紧张的权力关系起作用,进一步,不只是"多年媳妇熬成婆",普通女性也可能在某些约束条件下生产出属于她自己的权力,改变女性与男性在一家之内的权力分布状态,进而促使中国传统家庭内部发生女性对男性的支配权力的反转。

1. 作为妻子的女性通过发挥个人管理技能在家庭内生产出权力

萨孟武先生发现"依《红楼梦》之所述,家庭之内,家权似比男权为大""宁荣两府管家的权均落在妇女手上(尤氏及凤姐)。依吾国古礼,男人不管内事,则宁荣两府内事由妇女去管,似无反于吾国古代传统的礼教。我于《红楼梦》中,总觉得妇女甚有权力"②。笔者下文的分析表明萨孟武先生对于《红楼梦》中的妇女甚有权力、家庭之内女权似乎比男权大的直觉和疑惑并非毫无根据。在《红楼梦》中,尽管贾琏才是荣国府名义上的总管家,如《红楼梦》中第 105 回贾府被抄家时指明"贾琏现在承总管家",③ 但是,王熙凤的家事管理才能得到了众人的一致认可,是荣国府实际的管理者。《红楼梦》第 24 回,荣国府的近支落魄子孙贾芸为了谋生想在大观园里寻个差事,先是找贾琏结果无用,后来才明白要在大观园里谋差事只有找王熙凤,通过贾琏寻差事是缘木求鱼。由此足见,优秀的女性,即便是作为妻子角色的女性而不只是前文所分析的对于成年儿子拥有母权角色的女性,通过发挥个人出色的管理技能,同样可以在一次次的管理实践中生产出权力并对男性在一家之内的支配权力形成反转。

在加里·贝克尔(Gary Becker)的家庭经济学看来,家庭作为由多人组成的生产单位,基于生物学差异,在生产和照料孩子方面,家庭成员的性别是

---

① [美] 高彦颐:《闺塾师:明末清初江南的才女文化》,李志生译,江苏人民出版社 2005 年版,第 12—13 页。
② 萨孟武:《〈红楼梦〉与中国旧家庭》,北京出版社 2016 年版,第 53—54 页。
③ 参见 [美] 高彦颐:《闺塾师:明末清初江南的才女文化》,李志生译,江苏人民出版社 2005 年版,第 1422 页。

一个重要区分特征,家庭内男女之间的性别分工是为了完成某些任务而彼此相互依赖:妇女依靠男人提供食物、住房和保护,男人则依靠妇女生儿育女和操持家务。① 妻子成为胜任的管家不但可以使家庭井井有条,还可以让丈夫集中精力致力于文学、学术研究或为官为宦。②《红楼梦》第 13 回写宁国府的孙媳秦可卿死去,作为荣国府实际管理者的王熙凤竟被贾珍请来"协理"宁国府,曹雪芹不由赞叹:"金紫万千谁治国,裙钗一二可齐家!"③ 尽管在古代中国家庭和社会结构中男性占据了支配地位,女性可能缺少儒家规范所承认和赋予的正式权力,但是,女性并非家庭内部事务的旁观者,女性总会以儿媳、妻子、子女的母亲乃至女家长等家庭事务参与者的角色轮番出现。换言之,传统中国家庭的真正"齐家"不可能缺少女性角色的参与。

2. 普通女性可能借助其个人智识禀赋影响家庭内男女性别上的权力分布状况

明末清初的士族家庭倾向于让女儿接受教育,这背后有直接的实用主义考量:女性可以通过接受教育获得重要的文化资本,"调教很好的新娘是文化资本的一个引人注目的形式",④ 结婚之后,博学的妇女有能力教育下一代,帮助她们的儿子准备应考。⑤ 知识这一重要变量无疑增加了女性在家庭权力天平中可使用的砝码分量,提高了女性在一家之内的地位和作用。在高彦颐对明末清初的才女文化研究中发现,黄媛介等"闺塾师"设法通过教书及出售诗、画、字来维持家庭的最低生活,获得了不容置疑的尊重,从理想的儒家规范看自然是威胁了旧有的"三从"基础;又有王端淑等女性职业作家,通过其文学才华在作品中表达自己的政治信念,行使男性士大夫的特权,以至于夫妻之间产生颠倒了的权力不平等:妻子扮演了丈夫的社会角色,而丈夫则成为"妻子",在家庭中扮演本属于妻子的角色。⑥ 可见,知识女性借助个人的智识禀赋,通过自己的努力能够获得可观的经济收入、一定的权力和社会声望,从

---

① 参见[美]加里·斯坦利·贝克尔:《家庭论》,王献生、王宇译,商务印书馆 2005 年版,第 51—57 页。
② 参见[美]伊沛霞:《内闱——宋代的婚姻和妇女生活》,江苏人民出版社 2004 年版,第 104—105 页。
③ 参见曹雪芹著、无名氏续:《红楼梦》,人民文学出版社 2008 年版,第 178 页。
④ 参见[美]高彦颐:《闺塾师:明末清初江南的才女文化》,李志生译,江苏人民出版社 2005 年版,第 167 页。
⑤ 参见[美]曼素恩:《缀珍录:十八世纪及其前后的中国妇女》,定宜庄、颜宜葳译,江苏人民出版社 2005 年版,第 105 页。
⑥ 参见[美]高彦颐:《闺塾师:明末清初江南的才女文化》,李志生译,江苏人民出版社 2005 年版,第 125—145 页。

而在一家之内获得她的权威和话语权。即便这一类知识女性本身没有否认儒家规范要求女性"幼从父兄，嫁从夫，夫死从子"的权威，但是，知识女性们的实践活动实际上对男性在一家之内的主导权力形成了侵蚀和反转，从而影响了家庭内在男女性别上的权力分布。人们对传统中国女性在自身婚姻和生活上没有选择余地的、消极的刻板印象正在随着一些研究的深入而得到改观。有学者对明清时期贞女现象的研究发现，一些女性主动选择做忠于死去未婚夫的贞女，循此而获得的独特道德资本可以被贞女转化成她们的影响力甚至权力，从而能削弱传统的男女性别等级、辈分原则对她们的限制，又通过主持家政、过继子嗣、抚养教育子女等扩大自己对生活的控制力。①

借助个人智识禀赋的"知识女性"以及充分发挥管理才能的女性都有可能在中国传统家庭内部发生女性对男性的支配权力的反转。然而，以明末清初的江南才女为杰出代表的知识女性主要生活在传统中国的社会上层，在古代中国社会中的全部女性群体中只占据了很小一部分；管理才能亦是一种具有浓重个人禀赋色彩的能力，王熙凤、探春的管理才华也只有在荣国府、大观园这样的上层家庭才能得到展现，即便是刘大鹏之母在家庭事务管理中生产的权威也是发生在一个乡绅之家，进而言之，考虑到历史上中国是以小农经济为主的农业社会，笔者必须回答在具有普遍性的农耕村落中，家庭内部的权力分布状态有无可能发生女性对男性的支配权力的反转？

3. 传统农耕村落中家庭内部的权力分布

朱苏力教授在《齐家：男女有别》分析了历史上中国农耕村落为防范男女关系风险而形成的制度实践和原则如同姓不婚、男女授受不亲以及组织社会学意义上的"夫为妻纲"等。② 然而，仅仅有以上制度和原则并不足以保证真正的"齐家"，前文分析发现传统中国家庭的真正"齐家"不可能缺少女性角色的参与和介入力量，女性一系列的实践活动中对农耕村落的"齐家"作出了重要贡献，正视女性的生产、经营、管理等实践活动也有利于我们矫正对于中国传统女性"幼从父兄，嫁从夫，夫死从子"的儒家规范教条式的刻板印象。

从国家的角度来看，一位妻子和她的丈夫一样对社会秩序的再生产有所贡献，从周朝一直到16世纪的一条鞭法，农户整体作为其所纳之税既包括了男

---

① 参见［美］卢苇菁：《矢志不渝：明清时期的贞女现象》，秦立彦译，江苏人民出版社 2012 年版，第 10 页、第 179—187 页。

② 参见苏力：《齐家：男女有别》，载《政法论坛》2016 年第 4 期。

人耕种的粮食又包括了女子所造织物，而两者具有相同的价值。① 宋代以前，绝大部分纺织品出自农家或庄园的农村妇女之手；尽管宋以后女性遭遇了"去技能化"，随着商业市场扩大，城市里的纺织作坊使得丝织技能越来越成为男性的保留地，但是，在作坊中使用的丝线都是妇女们在自家养蚕、抽丝、纺制而成，女人要生产出足够多的丝线以供纺织机使用。② 生活在17世纪的理学家张履祥发现，"女工勤者，其家必兴；女工游惰，其家必落，正与男事相类"，③ 小说《白鹿原》也说，女人不会纺线织布是一个重大缺陷，"一个不会纺线织布的女人在家里是难以承担主妇的责任的"，④ 地方官也向农业家庭灌输：在家庭经济中，女性获得经济成功和社会尊重均依赖于女工。⑤ 这从正面肯定了妇女在普通家庭中的角色和男人的工作一样，妇女勤于纺织缝纫等手工，她的家庭会兴旺，妇女游荡懒惰其家庭便会衰落，可见，妇女可以通过自己的生产技术和持家管理技能对家庭经济作出同样重要的贡献。

小农经济经典的"男耕女织"性别分工并没有将女性的生活与外面广阔的世界相隔绝，相反，"女性在内庭里对于产出一系列社会的、伦理的、仪式的、经济的产品负有责任，所有这些产出都被认为不仅对家庭的经济状况、社会的总体繁荣，甚至对维护国家的宇宙的秩序都绝对必不可少……妇女的物质活动也被认为是善良政治的一个重要因素：并非对男性工作的补充，而是与男性工作有着同等的重要性"。⑥ 在对20世纪四川某地手工造纸村的研究中，研究者发现在手工造纸的某一道工序中（抄纸）有性别和代际分工，抄纸对体力和耐力要求高，是严格的男性工作；将柔软的湿纸刷在晾纸墙上则是女人的工作，女性刷纸人的工作时长超出男性抄纸匠，女性刷纸人常在厨房和晾纸墙两头跑，有时还要一边带孩子一边刷纸，女人会受雇去刷纸。⑦ 以经济学的比较优势理论分析，"男耕女织"的劳动分工以及前述家庭作坊式的手工业内的

---

① 参见［英］白馥兰：《技术与性别：晚期帝制中国的权力经纬》，江湄、邓京力译，江苏人民出版社2010年版，第146页。
② 参见［英］白馥兰：《技术与性别：晚期帝制中国的权力经纬》，江湄、邓京力译，江苏人民出版社2010年版，第110—114页。
③ 张履祥辑补：《补农书校释》，陈恒力校释，王达参校、增订，农业出版社1983年版，第151页。
④ 陈忠实：《白鹿原》，人民文学出版社1997年版，第50页。
⑤ 参见［美］曼素恩：《缀珍录：十八世纪及其前后的中国妇女》，定宜庄、颜宜葳译，江苏人民出版社2005年版，第189页。
⑥ ［英］白馥兰：《技术·性别·历史——重新审视帝制中国的大转型》，吴秀杰、白岚玲译，江苏人民出版社2017年版，第24页。
⑦ 参见［德］艾约博：《以竹为生：一个四川手工造纸村的20世纪社会史》，韩巍译，吴秀杰校，江苏人民出版社2016年版，第36—37页。

基于性别的劳动分工，无疑有着生物学上的支持，因而是有效率的。循此，不论是在男耕女织的小农经济结构中，还是在家庭作坊式的手工业中，女性通过其生产活动能对家庭经济作出与男性同样重要的贡献，这类女性的生产活动虽不至于发生前面女性权力对男性权力反转的情形，但是，它们也有利于我们矫正认为传统女性总是"幼从父兄，嫁从夫，夫死从子"的刻板印象。

四、结语

本文分析了"宝玉挨打"的真正原因：在古代社会集体连带责任的原则下，由于贾家和忠顺王在政治上并非一派，贾政担心因为宝玉得罪忠顺王并因此祸及贾家家族。这一社会集体连带责任才是贾政必须打宝玉的真正原因。由于父母对子女的管教惩戒权是绝对的，贾母与贾政在"宝玉挨打"问题上必然发生冲突。本文在贾政笞挞宝玉这一文学冲突中提炼出如何协调广义的母权与父权之间的权力冲突这一具有理论意义的问题。贾母对于贾政的母权与贾政对于贾宝玉的父权在"宝玉挨打"之时发生了交锋，经过分析发现所谓"妇人，从人者也。幼从父兄，嫁从夫，夫死从子"中的"夫死从子"的儒家规范与古代中国社会的实践做法互相抵牾。孝道对于母亲的母权与儿子的父权之间权力冲突的协调平衡起到重要作用，孝道可能使母亲的母权超越儿子的父权；母亲在日常家庭事务管理中生产出的权威也可能使母亲的母权超越儿子的父权。当母权与孝道、声誉机制或者与比父权更高的权力相结合时，母权在一定程度上会超越父权。"多年媳妇熬成婆"，妇女可能在长期的持家过程中随年岁增长积蓄了一定的权威，但是，"先打死我，再打死他"式的女性依附男性的话语策略已经成为妇女们身体里的印记，我们应该用历史的眼光、语境化地理解古代中国女性依附于男性的语言模式和行为方式。

循此路径更进一步，本文提炼出中国古代社会中家庭内部的权力分布状态这一具有理论意义的问题，发现普通女性也可能在某些约束条件下生产出属于她自己的权力，改变女性与男性在一家之内的权力分布状态，进而可能在中国传统家庭内部发生女性对男性权力的反转。普通女性可能通过发挥个人出色的管理技能在一次次的管理实践中生产出权力，也可能借助其个人智识禀赋影响家庭内在男女性别上的权力分布。知识和管理技能作为重要变量无疑增加了女性在家庭权力天秤中可使用的砝码分量，提高了女性在一家之内的地位和作用，甚至可能对男性在一家之内的权力形成反转。小农经济经典的"男耕女织"的性别分工是基于比较优势理论的有效率的选择，男耕女织并没有将女性的生活与外面广阔的世界相隔绝，妇女可以通过自己的生产活动对家庭经济作出与男性工作同样重要的贡献。不管是在男耕女织的小农经济结构中，还是在家庭作坊式的手工业中，女性通过其生产经营和管理活动能对家庭作出与男性同样重要的贡献，这类女性的实践活动虽不至于发生前面女性借助知识禀赋和管理技能对男性权力形成反转的情形，但是，正视普通女性的生产经营、管理家务和照顾抚养教育子女等活动也有利于我们矫正对于中国传统女性"幼从父兄，嫁从夫，夫死从子"的儒家规范教条式的刻板印象。尽管在古代中国家庭和社会结构中男性占据了支配地位，但是，女性并非家庭的旁观者，女性总会以儿媳、妻子、子女的母亲乃至特殊情况下的女家长等不同角色在各种家庭事务中不断重复出现，总之，传统中国家庭的真正"齐家"不能缺少女性角色的参与和介入力量。

（责任编辑　黄盟茜）

我国小商贩合法化的路径探究

——以商主体制度为核心

龚 涛[*]

摘 要： 我国小商贩的权益长期难以得到有效保障，主要原因是尚未在法律制度层面承认其合法性。在小商贩合法化的路径选择上，确立其商主体地位比单纯承认其民事主体地位更合理。但是在我国现行商主体法律体系下，作为上位制度的个体工商户制度成本过高，而又未确立作为下位制度的无名商主体制度，导致法律制度与现实相错位、上层建筑与经济基础不匹配。建立无名商主体制度与改革个体工商户制度均为确立小商贩商主体地位的可选方式，但基于路径依赖、制度协调与制度成本的考量，后者更具可行性。

关键词： 小商贩 商主体 商个人 个体工商户 无名商主体

小商贩，是指未经过工商登记注册，无固定的经营场所，利用路边空地、广场等公共空间从事小规模商业经营者。[①] 由于小商贩具有数量众多、流动性极强等特点，对小商贩的管理便成了一项难题。在我国许多城市，小商贩奔走逃窜、"城管暴力执法"等现象屡见不鲜，成了多年来影响社会和谐稳定的一大因素。新冠肺炎疫情爆发后，面对经济下行、消费萎靡、就业压力增大等问题，多地出台政策鼓励小商贩摆摊。执法部门对待小商贩的态度从严打到放宽甚至鼓励，这种迅速转变不禁令人深思——小商贩对社会而言难道是"召之即来、挥之即去"的吗？允许小商贩无证经营有无法律依据？疫情过后小商贩是否还会回到以前尴尬的处境中？政策带来的福利终究是不稳定的，有必要

---

[*] 龚涛，武汉大学法学院博士研究生。
[①] 李建伟：《从小商贩的合法化途径看我国商个人体系的建构》，载《中国政法大学学报》2009年第6期。

探索一条小商贩合法化的道路，在法律上承认其地位。

一、我国小商贩的法律地位

早在 20 世纪 80 年代，我国初步建立个体工商户制度和工商企业制度时，便确立了商主体的登记注册原则，未经登记注册的主体不得从事商业贸易，相关法律法规都对无照经营的小商贩予以严格禁止和坚决取缔。① 2003 年国务院发布的《无照经营查处取缔办法》第 2 条明确规定"任何单位和个人不得违反法律、法规的规定，从事无照经营"，重申了国家对待小商贩的态度（2011 年修订沿用此规定）。中共十六大以后，"三农"问题逐渐受到重视，为了解决"三农"问题，国家在政策和法律上都对农村、农业、农民予以倾斜，农村小商贩也受益于此得以合法存在。例如，2003 年《税务登记管理办法》第 2 条将无固定生产、经营场所的流动性农村小商贩作为例外，豁免于办理税务登记；2004 年《中共中央、国务院关于促进农民增加收入若干政策的意见》也指出，"对合法经营的农村流动性小商小贩，除国家另有规定外，免于工商登记和收取有关税费"。但与此同时，数量更为广大的城镇小商贩仍然处于法律所禁止的黑色地带，与城管斗智斗勇，于夹缝中求生存。

经过数年严打，城镇小商贩依然屡禁不绝，监管部门逐渐开始反思对于小商贩的管理制度。2011 年《个体工商户条例》将无固定经营场所摊贩的管理办法制定权下放至省、自治区、直辖市人民政府，随后，一些地方政府根据当地实际情况出台了相关规范性文件，如《陕西省城市公共空间管理条例》《黑龙江省食品安全条例》等，在继续查处、取缔小商贩的同时，积极引导流动小商贩进入固定经营场所。2017 年修订后的《无证无照经营查处办法》新增第 3 条，即"下列经营活动，不属于无证无照经营：（一）在县级以上地方人民政府指定的场所和时间，销售农副产品、日常生活用品，或者个人利用自己的技能从事依法无须取得许可的便民劳务活动；（二）依照法律、行政法规、国务院决定的规定，从事无须取得许可或者办理注册登记的经营活动"。这一规定为小商贩合法化留下了一定的空间。

2020 年 5 月 28 日，第十三届全国人民代表大会第三次会议通过了民法典，作为我国民商事领域的基本法，民法典规定了从事民商事活动的主体类型，即自然人、法人和非法人组织。法人和非法人组织都是依法成立的组织

---

① 例如，1982 年《中华人民共和国食品卫生法（试行）》、1986 年《中华人民共和国国民经济和社会发展第七个五年计划》、1987 年《国务院关于整顿市场秩序加强物价管理的通知》等。

体,以个人或家庭为基础进行经营活动的小商贩与此相差甚远,只能将其归结到"自然人"这类民事主体中。"自然人"一章在一般性规定以外,专门对两类特殊的自然人进行了规定,即个体工商户和农村承包经营户。其中,个体工商户是指经依法登记从事工商业经营的自然人,未经登记便从事经营活动的小商贩不能归属于此类别。而农村承包经营户是指依法取得农村土地承包经营权、从事家庭承包经营的农村集体经济组织的成员,小商贩也不属于此种类别。因此,在民法典视野下,小商贩只是从事一般民事活动的自然人,并不是法律意义上的商主体。

新冠肺炎疫情爆发后,为了缓解就业压力、刺激经济复苏,地摊经济被寄予厚望。2020 年 3 月 14 日,成都市城市管理委员会与城市管理行政执法局共同发布了《成都市城市管理五允许——坚持统筹疫情防控助力经济发展措施》,在保障安全,不占用盲道、消防通道,不侵害他人利益,做好疫情防控和清洁卫生工作等前提下,允许在居民居住集中区开辟临时占道摊点摊区,允许流动商贩在一定区域贩卖经营,引起了社会各界的好评,许多城市纷纷效仿。2020 年 6 月 1 日,国务院总理李克强在山东烟台考察时表示,地摊经济、小店经济是就业岗位的重要来源,是人间的烟火,和"高大上"一样,是中国的生机。① 随后,全国范围内掀起了一股地摊经济的热潮,各地都出台政策鼓励发展地摊经济,甚至出现了城管主动打电话请小商贩摆摊的局面,小商贩的社会地位明显改善,但这仅仅是政策上的改善,没有明确的法律依据。

时至今日,地摊经济热潮已过,小商贩再次回到了"无人问津"的地步。小商贩生存环境的变迁与其在法律上的尴尬地位不无关系。要在法律上解决小商贩问题,主要有两种途径:一是坚持传统的小商贩违法论,并加强打击力度,但近年来的实践证明这一途径只是治标不治本,无法从根源上解决问题,而且这也与目前的政策风向不符;二是探索小商贩合法化的道路,尤其是在法律上承认其商主体地位,这一途径更符合我国现阶段的国情,也更具人文关怀色彩,有必要对此予以探讨。

二、小商贩合法化的理论与实践基础

(一) 历史传统

小商贩的存在有着悠久的历史传统,是社会分工和商品经济的必然产物。

---

① 《李克强称赞地摊经济、小店经济:是人间的烟火,是中国的生机》,载中国政府网,http://www.gov.cn/premier/2020-06/01/content_5516569.htm,最后访问日期:2021 年 2 月 20 日。

人类历史上有三次社会大分工。第一次社会大分工是原始社会后期畜牧业和农业的分离，它促进了劳动生产率的提高，引起了部落之间的商品交换，为私有制的产生创造了物质前提。第二次社会大分工是原始社会末期手工业和农业的分离，它进一步提高了劳动生产率，促使私有制形成，商品经济也由此产生。原始社会瓦解、奴隶社会形成时期的第三次社会大分工后，出现了不从事生产、专门从事商品交换的商人阶层。① 早期的商人便是以"贩夫走卒"形式存在的小商贩，公元前一千多年的商朝，便有小商贩牵着牛车做买卖的记录了，所谓"肇牵车牛远服贾"，《诗经》的《商颂篇》章中也有对彼时经济活力的赞美："商邑翼翼，四方之极，赫赫厥声，濯濯厥灵。"② 到了明清时期，商业更加繁荣，产生了诸如徽商、晋商、苏商等拥有大量资本的大商人集团。在欧洲，一部分精英商人甚至在商业活动中发展成为企业、公司等商事组织。但仍然有大量处于社会底层的商人，依靠简单的商事交易获取利润以维持生活，即本文所关注的小商贩。可以说，自古以来小商贩在世界各地都普遍存在，有商品经济的地方就有小商贩的影子。

（二）现实需要

小商贩的存在有着深厚的现实基础。首先，小商贩这一群体覆盖的实际和潜在人口范围十分广泛，可以为社会提供大量就业岗位。由于以小商贩形式进行经营的门槛低、成本低、收益快，低收入群体可以方便地进入市场，失业人口、老年人口以及残疾人等群体可以通过此种方式灵活就业，在职劳动力也可以在闲置时间经营以增加收入。其次，小商贩所面对的消费群体十分广泛，是对社会消费层次的有利补充，对促进经济发展有着重要作用。我国目前仍处于社会主义的初级阶段，中低收入群体占社会总人口的绝大多数，小商贩所经营的商品往往价格低廉、品类多样，能够满足中低收入群体的消费需求，而且小商贩往往在路边、道口、居民区附近开设摊位，极大地便利了市民生活消费。最后，小商贩的存在不仅具有经济意义，更是社会文化的承载体。一方面，小商贩可以为城市增添"烟火气"和"人情味"，增强居民的归属感和幸福感，促进社会和谐。另一方面，小商贩经营的商品往往具有地方特色，大量聚集的小商贩是对当地风土人情的集中体现，能够营造出一种特殊的文化氛围，促进旅游业发展，如泰国清迈夜市、中国香港庙街夜市等都吸引了大量游客参观、

---

① 中共中央马克思恩格斯列宁斯大林著作编译局编译：《马克思恩格斯文集》（第4卷），人民出版社2009年版，第184—185页。
② 江丹：《古人出摊》，载《济南时报》2020年6月10日。

消费。

（三）营业权理论

营业权，我国一些学者也称之为经营权，是指民事主体基于平等的营业机会和独立的投资主体、营业主体资格，可自主地选择特定产业领域或特定商事事项作为其主营事项进行经营、从事以营利为目的的营业活动而不受国家法律不合理限制和其他主体干预的权利。[①] 营业权实质上是生存权、财产权、就业权等基本人权在营业领域的表现形式，其核心是营业自由，许多国家将营业权或营业自由载入宪法予以保护。尽管我国宪法中并无对营业权的明文规定，但我国已加入的联合国《经济、社会及文化权利国际公约》明确规定"人人应有机会凭本人自由选择或接受之工作谋生之权利"，即公民有从事经营和选择职业的自由，意味着保护营业权或营业自由也应是我国法律所追求的目标之一。[②] 当然，营业自由并不意味着绝对自由，营业权的行使受到法律法规的限制，主要包括以下三个方面。（1）行业限制。某些由国家垄断经营的行业禁止私人进入，如军事、烟草等行业；某些行业实行特许经营制度，只有政府授予特许经营权的企业才能经营，如供水、污水处理等公共事业。（2）主体限制。某些行业需要主体具备一定的资格才能进入，如医生、律师等专业性较强的行业；某些主体由于身份较为特殊，被禁止从事某些营业活动，如多数国家都禁止公务员经商。（3）经营活动限制。为保障社会公众利益，法律需要对经营者的经营活动施加限制，如产品需要满足质量和卫生标准、不得从事不正当竞争和垄断行为等。小商贩开展经营活动是营业权的正当行使，否认小商贩合法地位的法律规定实质上否认了营业权这一基本权利。而且小商贩的营业活动集中于餐饮、零售、娱乐等日常生活消费领域，不涉及国家管制行业，对经营主体的资格也不需要有特殊限制，只要其提供的产品或服务是安全的，便难以对公共利益造成损害。因此，在法律上承认小商贩的合法性，是对营业权和营业自由的尊重。

综上所述，小商贩的存在有着悠久的历史传统，是社会分工和商品经济的必然产物，有着深厚的现实基础，是营业权和营业自由的表现。根据黑格尔"存在即合理"的论断，小商贩在法律上理应拥有正当、合法的地位。小商贩与法律之间长期存在的矛盾、冲突，实质上是法律制度与现实相错位、上层建

---

① 肖海军：《营业权论》，法律出版社2007年版，第58页。
② 参见李建伟：《从小商贩的合法化途径看我国商个人体系的建构》，载《中国政法大学学报》2009年第6期。

筑与经济基础不匹配的表现。

三、小商贩合法化的路径分歧

民商法学界对于小商贩合法化的路径主要有两种看法。一种观点是支持我国现行立法模式，认为将小商贩作为一般的民事主体对待即可。这一观点主要基于两方面的理由，从营利性来看，小商贩从事的经营活动仅仅是为了生活、就业或者家庭需要的一种单纯的营利性活动，并不是现代社会意义上实现资本增值的活动，不具有营利性的特征；从组织性来看，组织体应当能够形成一种结构性功能，满足资本运营的需要，实现资本增值的目的，而小商贩不可能具有组织体的机制和功能。① 另一种观点认为我国现行立法不够完善，可以借鉴大陆法系国家小商人的做法，在商人主体概念上明确其地位，承认这些未登记的小规模、临时性经营者的商人地位。② 笔者支持后一种观点，不能单以资本规模的大小和组织机制的完善与否等形式要件来判断某个主体是否应属于商主体，而应更多地考虑实质性要素。

（一）民事主体地位的缺陷

小商贩虽然对社会经济、文化发展有许多积极作用，但是也会产生一定的负面影响。小商贩的摆摊地点往往在人流量较大的街道两侧、商业中心和居民区附近，大量聚集的摊贩会造成交通拥堵，容易引发交通事故。小商贩的经营活动还会产生大量塑料袋、废水、浓烟等废弃物和污染物，严重污染环境。此外，由于小商贩为无证经营，其商品的质量参差不齐，其中不乏假冒伪劣产品，从而产生食品安全和产品质量问题，而且由于小商贩流动性较强，消费者往往难以维权。③ 这客观上要求加强对小商贩的行政管理，从而保护消费者利益和维护社会公共利益。

将小商贩作为一般的民事主体无法满足行政管理与维护消费者利益、社会公共利益的需要。首先，民事活动奉行意思自治、契约自由和私权神圣的理念，公权力机关不应过多介入民事活动，这弱化了工商部门和城市管理部门等

---

① 阮正贤：《我国小商小贩的法律地位探析》，载《贵阳学院学报（社会科学版）》2010 年第 1 期。

② 任尔昕、郭瑶：《我国商个人形态及其立法的思考》，载《甘肃政法学院学报》2009 年第 6 期。

③ 参见周文、武翠丹：《不足与完善：评我国小商贩法律制度》，载《长春理工大学学报（社会科学版）》2016 年第 3 期。

行政部门对小商贩的行政管理行为的正当性。其次，民事活动预设为发生在处于平等地位的当事人之间，虽然小商贩与组织化的公司、企业相比经济能力较弱，但是小商贩与消费者之间仍然存在着利益对立、信息不对称等问题，因而事实上二者之间的地位并不平等，应将小商贩作为消费者权益保护法上的"经营者"进行适度限制，此处的"经营者"实际上就是商法中的商主体。最后，商主体比一般的民事主体负担着更多的社会责任。民事主体以私人利益最大化为行动标准，尽管民法典已经将节约资源、保护生态环境作为民事活动的基本原则，但这仅仅是号召性的规定，违反该原则不会导致民事行为的效力出现瑕疵，因此民法并不能对违反"绿色原则"的民事主体施以足够的惩罚。而商主体在实现自身利益的同时，也肩负着维持现代社会进步和发展的重大使命，负担着经济责任、法律责任甚至道德责任。① 因此，只有在法律上将小商贩确定为商主体，才能有效应对其负面影响。

（二）现行商主体制度的不足

大陆法对商主体的主要分类是商个人、商合伙、商法人三类，我国法学理论和相关立法中也采纳了此种分类方式，其中商法人和商合伙的立法较为成熟，而商个人立法则较为混乱。三十年来我国商事立法渐次形成了实质意义上的商个人立法体系，初步建立起包括个体工商户、农村承包经营户、个人独资企业等在内的商个人体系。② 其中，与小商贩最密切相关的是个体工商户制度。根据现行法律法规，有经营能力的公民，依法经工商行政管理部门登记，从事工商业经营的，即为个体工商户。

为何小商贩宁愿与城管"打游击战"也不愿登记为个体工商户呢？主要是因为这一制度对于经济能力较低的小商贩而言成本过高。一方面，个体工商户的设立成本较高。成为个体工商户要进行工商登记，登记事项包括经营者姓名和住所、组成形式、经营范围、经营场所等，而小商贩多为流动经营，没有固定的经营场所，不满足登记条件。即使不考虑经营场所问题，在设立登记之后还可能需要进行变更登记、注销登记，并每年向登记机关报送年度报告，繁琐的程序客观上阻碍了小商贩登记的可能性。另一方面，个体工商户的运营成本较高。个体工商户需要依法缴纳个人所得税，虽然多数小商贩的营业净利润并未达到个人所得税的免征额而无须纳税，但小商贩往往难以建立适当的财务管理制度，而且纳税申报、预扣预缴等制度也大大增加了小商贩的抵触心理。

---

① 刘继峰、吕家毅：《企业社会责任内涵的扩展与协调》，载《法学评论》2004年第5期。
② 李建伟：《对我国商个人立法的分析与反思》，载《政法论坛》2009年第5期。

此外，个体工商户还需要与招用的从业人员订立劳动合同，并缴纳社会保险费用等，这些高昂的运营成本阻却了小商贩主观上的登记意愿。

作为上位制度的个体工商户制度成本过高，小商贩在客观不能、主观不愿登记为个体工商户的情形下，为了生存不得不继续从事经营活动，但法律并未提供适当的下位制度供其选择，使得其处于事实上的违法状态。我国现行商主体制度的不足给小商贩商主体地位的确立带来两种截然不同的思路——面对上位制度成本过高的问题，可以选择改革个体工商户制度，降低其制度成本；面对下位制度供给不足的问题，可以选择建立无名商主体制度。

四、确立小商贩商主体地位的路径选择

在确立小商贩的商主体地位时，需要坚持一些基本理念。一是尊重个体生存权的理念。虽然小商贩从事商事营业活动，并以营利为目的，但是与组织化、专业化的商主体相比，其营业活动是一种基本的生存手段，在确立小商贩商主体地位和设计相关制度时，需要充分保障其生存权。二是实质正义和弱者保护理念。由于小商贩与其他商主体相比经济力量十分薄弱，若以形式正义、形式平等理念构建其商主体地位，难免失之偏颇。对于小商贩这类社会弱势群体，法律应通过对弱者的倾斜性资源配置，以矫正、扭转基于自然禀赋、社会原因等因素形成的不公平的社会经济关系，从而实现实质正义。三是干预有度、干预有效理念。小商贩的经营活动具有一定的负外部性，因此法律需要赋予行政机关一定的管理权，但必须坚持行政法的比例原则，对小商贩的限制应尽可能地小，这既是保障小商贩生存权的需要，也是从源头上杜绝"城管暴力执法"等现象的需要。

在确立小商贩商主体地位的路径方面，学者们主要提出了两种路径：一是建立无名商主体制度，使得小商贩成为商法规范下的无名商主体；二是改革现有的个体工商户制度，将小商贩纳入个体工商户，下文分述之。

（一）建立无名商主体制度

无名商主体，是指在法定的商主体类型之外从事营业活动的商事主体。商主体包括商法人、商合伙、商个人三类，目前我国法定的商个人类型包括个体工商户、农村承包经营户、个人独资企业等，确立无名商主体制度就是允许在法定商主体之外自由创设新的主体类型。也就是说，循此种改革路径，"小商贩"这类无名商个人会成为与前述三类法定商个人并列的商主体类型。

建立无名商主体制度的最大障碍，是如何调和其与商主体法定原则之间的

冲突。我国商法学界的主流观点认为，商主体法定原则是商法的基本原则之一，包括商主体的类型法定、内容法定、公示法定。① 商主体之所以法定，主要是保护交易相对人、维护交易秩序之需要，禁止市场主体随意创设法律规定以外的商主体类型，可以为商主体的财产关系、组织关系等提供较为明确的预期，从而将交易风险控制在合理范围内。无名商主体制度与商主体法定原则在逻辑前提下是不相容的，要建立无名商主体制度，势必放弃商主体法定原则，因而阻力会相当大。但是也需要注意到，商主体法定原则在理论和实务上也有一些松动的倾向。特别是随着世界经济联系的紧密化和一体化，竞争的压力迫使各国对商主体立法开始趋向于自由化，加强了其程序控制，减少了对其的结构控制。② 甚至有学者提出，商主体法定并无确定的法源依据，无论是国内法还是他国法均无类似规定，存有商法典的国家学者著述中亦无相关阐述，这一原则的由来颇有蹊跷，商主体法定根本不应作为商法的基本原则。③

即使不考虑商主体法定原则，无名商主体制度还面临着许多障碍。一是制度协调问题，如果我国建立了无名商主体制度，对无名商主体的监管力度必然小于现有的有名商主体，许多经营者为了逃避监管可能不愿登记为有名商主体，而更倾向于选择无名商主体的形式进行经营，便产生了向下位制度逃逸的问题，降低了有名商主体制度的价值。二是制度成本问题，要建立无名商主体制度，必须突破现有的法律框架，出台新的立法和配套规定，立法成本较高；无名商主体的违法行为隐蔽性更强，需要为监管机构配备更多的行政资源，监管成本也较高。因此，综合看来，在我国建立无名商主体制度的可行性不强，改革个体工商户制度是更为理想的选择。

（二）改革个体工商户制度

改革开放之初，个体经济对经济发展起到巨大的推动作用，为规范小规模个体经营者，我国通过 1986 年《民法通则》以及 1987 年《城乡个体工商户管理暂行条例》建立了独具中国特色的个体工商户制度。2011 年，国务院公布了《个体工商户条例》，并于 2014 年和 2016 年进行了修订，对个体工商户制度进行了调整和完善。2020 年最终颁布的民法典也将个体工商户作为一类主体明确列入"自然人"一章。我国在制定和完善个体工商户制度时，也考虑到了小商贩这类群体的存在，如国务院法制办于 2009 年 7 月公布的《个体

---

① 王建文：《商法教程》，中国人民大学出版社 2009 年版，第 13 页。
② 徐强胜：《商主体的类型化思考》，载《当代法学》2008 年第 4 期。
③ 陈彦晶：《商事司法对商主体法定原则的突破》，载《法学论坛》2017 年第 6 期。

工商户条例》（征求意见稿）第 10 条规定："无固定经营场所的摊贩，应当在当地人民政府或者工商行政管理部门指定或者允许的区域内从事经营活动。"这一规定是对小商贩合法化的大胆尝试，因富有人文关怀色彩而备受好评，但可惜的是该条文最终"流产"。

  国外专门针对小规模经营者的"小商人"制度对我国个体工商户制度的改革有很大的借鉴意义。商人是德国商法典的核心，根据该法典第 1 条，商人是指经营营业的人，营业包括任何营利事业，但企业以种类或范围不要求以商人方式进行经营的不在此列。该法典在 1998 年修订之前，以经营方式与规模为标准将商人分为完全商人与小商人。小商人是与完全商人相对的概念，是指那些虽然从事基本商营业，但其经营活动无须以商人方式进行的经营者。设置小商人制度的目的是保护小规模经营者，使他们既能获得商人的某些权利，又不适用商法中某些严格的规定，如商号的登记、经理权的授予、设立商事账簿等，以限制其经营风险，节省其经营费用。① 1998 年德国商法典修订后，取消了小商人这一概念，但其实质得以保留，归入了自由登记商人制度中。自由登记商人，也叫任意商人，是德国商法典特有的分类，即与该法典第 1 条中的商人相比，其营利事业不属于营业的企业，有权自行选择是否进行登记，即使不登记也视为商主体，其有登记注册的权利但无此义务，主要适用于从事经营农业和林业的企业。② 而且自由登记商人即使登记为商人，仍有权注销登记从而回到未登记的经营状态。我国台湾地区也有类似的法律制度，如根据其"商业登记法"的规定，摊贩、家庭农林渔牧业者、家庭手工业者、民宿经营者、每月销售额未达营业税起征点者，可免除商事登记。③

  纵观其他国家和地区小规模经营者的相关法律法规，其核心在于通过豁免小规模经营者的登记义务、维持商主体组织形式的义务等方式，降低其设立和运营成本，而这正是我国个体工商户制度之于小商贩而言的问题所在。因此，个体工商户制度的改革重点也需要考虑这些方面。对于个体工商户登记制度的改革，笔者认为有三种途径。一是基本保持登记制度的现状，仅在登记事项中取消对于"营业场所"的强制性登记规定，也就是将"营业场所"列为登记的可选项而非必选项，使得个体工商户制度能够容纳无固定经营场所的小商

---

① 卜元石：《德国商法的改革》，载《德国研究》1999 年第 1 期。
② 李建伟：《对我国商个人立法的分析与反思》，载《政法论坛》2009 年第 5 期。
③ 我国台湾地区"商业登记法"第 5 条规定："下列各款小规模商业，得免依本法申请登记：一、摊贩。二、家庭农、林、渔、牧业者。三、家庭手工业者。四、民宿经营者。五、每月销售额未达营业税起征点者。前项第二款及第三款所定小规模商业，以自任操作或虽雇用员工而仍以自己操作为主者为限。"

贩。此种改革方式成本最小,但是并未触及小商贩问题的实质,小商贩仍然没有足够的动力进行登记,以致实践中仍然会有大量未经登记的小商贩处于违法状态。二是改强制登记制度为自由登记制度,即借鉴德国"自由登记商人"制度,免除个体工商户的登记义务,使得现有制度下的个体工商户与无证经营的小商贩都成为改革后的"个体工商户"。在此种改革方式之下,任何从事经营活动的自然人均为个体工商户,也就是说将学理上的"商自然人"具体化为现实中的"个体工商户",从而在法律上构建出完整的商主体体系,但是此种改革力度过大,需要重新构建我国个体工商户的管理秩序。三是改强制登记制度为强制登记与自由登记相结合的制度,即免除部分小规模经营者的登记义务,在具体的制度设计上,可以以经营规模为标准,一定经营规模以上的经营者须强制登记,该经营规模以下的经营者自由登记,也就是将实践中的个体工商户分为了强制登记的个体工商户与自由登记的个体工商户。此种改革力度适中,而且能够最大限度地调和现有个体工商户制度与小商贩之间的冲突。

将个体工商户强制登记制度改为强制登记与自由登记相结合的制度可能会引起一些担忧。例如,税收问题,未进行登记的个体工商户可能不依法申报应税收入,从而逃避纳税义务。针对这一问题,只需在设定强制登记的经营规模标准时予以考虑即可,也就是将营业收入达到个人所得税免征额作为强制登记的前提,自由登记的个体工商户由于收入未达到个人所得税免征额,本身就无须纳税,自然不存在逃避纳税义务的问题。再如,产品安全问题,公众很容易误认为未进行登记的个体工商户所经营的产品质量和安全没有保障。实际上,产品安全与经营者是否登记关系不大。即使未进行登记,经营者也必须遵守相关法律规定,提供安全可靠的产品。此外,自由登记制度会导致强制登记制度的主体限制功能有所丧失,使得一些不适合参与商业活动的主体进入市场。例如,尽管法律禁止公务员从事营利性活动,但自由登记制度可能使得实践中公务员从事小商贩活动十分便利且难以被察觉。但是客观而言,我国基层公务员薪资水平普遍不高,公务员在工作之余的闲暇时间作为小商贩赚钱补贴家用,并不会损害社会公共利益,不具有实质上的可责难性,应当修改的是公务员法中"一刀切"的做法,而不是担忧自由登记制度本身。

五、结语

在确立小商贩的商主体地位方面,改革个体工商户制度与确立无名商主体制度两条路径殊途同归,都尽可能地保障营业权,承认自然人的商事主体身份的便宜获得,使小规模经营者享受商主体的部分权利的同时又不必承担商法上的严格义务。① 但是考虑现实情况,从改革开放初期以来的个体工商户制度及其三十多年的实践,已经在观念、制度运作、经济实务等领域产生了深深的印痕,一定程度上甚至可以说成为当今中国社会不可或缺的一个组成部分。② 况且最新通过的民法典已经明确肯定了个体工商户制度的民商事主体地位,基于路径依赖、制度协调与制度成本的考量,对个体工商户制度进行改革,使其能够容纳小商贩的存在,是一条更为务实的路径。

(责任编辑 高安琦)

---

① 李建伟:《从小商贩的合法化途径看我国商个人体系的建构》,载《中国政法大学学报》2009年第6期。
② 李友根:《论个体工商户制度的存与废——兼及中国特色制度的理论解读》,载《法律科学(西北政法大学学报)》2010年第4期。

试论审执分离视角下执行监督机制的改革与完善

——兼谈审执分离模式的选择

吕子逸*

摘　要：作为执行制度的重要组成部分，执行监督机制的建构及完善对执行权的行使、执行工作的开展均有着不容忽视的规范与保障作用。而且，受内容构成等各类因素的影响，这一机制还与司法权运作存在难以割裂的联系。因此，随着审执分离等审执关系改革措施的逐步推行，执行监督机制势必在不同方面发生变化。以审执分离改革下执行监督机制的改革与完善为视角，在结合二者具体内容的基础上，对执行监督机制的实际变革形态进行预测与评析，为审执分离模式的选择提供可取的建议。

关键词：审执分离改革　执行监督机制　执行权　深化内分　彻底外分　适当外分

引　言

执行监督，一般指针对执行活动实施的约束、督促行为。鉴于执行权行使的目的在于将具有法律效力、涉及特定主体的司法决定、命令付诸实行。这一权能的存在和行使，不仅对特定人员的权益有着相当程度的影响，也是司法活动完整性与有效性的重要保障，并在一定程度上与司法活动的公正性及合理性相关联。① 因此，无论从何种层面进行观察，对执行权施以监督与制约均有其

---

* 吕子逸，吉林大学 2020 级诉讼法学博士研究生。
① 即对于裁判的执行既会直接对案件当事人的权益产生影响，也会在一定程度上成为裁判行为及司法活动的重要评价标准。

现实意义。并且，在以《中共中央关于全面推进依法治国若干重大问题的决定》为主的司法改革文件中，刑事执行权的改革措施关注于刑罚执行的统一化，而民事、行政执行权则以审执分离改革为主，二者间存在较为明显的差异。为减少本文论述中的冲突，仅选择民事、行政执行权进行讨论。

审执分离改革，初始提出于《中央政法委员会关于深化司法体制和工作机制改革若干问题的意见》，[①] 后经《中共中央关于全面推进依法治国若干重大问题的决定》、最高人民法院《关于全面深化人民法院改革的意见——人民法院第四个五年改革纲要（2014—2018）》等文件确认，成为新时期中国审执关系改革的重要组成部分。究其目的，乃是通过将审判权与执行权相分离，在适应权能属性的基础上，为二者提供新的运作空间。[②] 然而，综合现有资料来看，不仅部分文件中对这一改革实际内容的规定尚存在冲突，[③] 学理界与实务界在其具体模式的选择上也存有争议，部分学者主张"相对分离"与"绝对分离"两模式的划分方法，其他学者则主张三类模式的划分方法。[④] 具体来

[①] 在这一文件中，中央政法委员会提出了诸如"法院执行职能划归司法局管辖""法院执行在内的有关行政职能划归司法行政机关管辖"等发展方向，对审执分离改革进行了初步探讨。具体内容为："三、法院执行职能划归司法局管辖，法院其他有关行政职能划归司法行政机关管辖，法院专司审判。在我国，法院判决后案件'执行难'很突出，影响到法院判决的权威性和严肃性。本次司法体制改革将包括法院执行在内的有关行政职能划归司法行政机关管辖，法院专司审判。"

[②] 具体来看，《中共中央关于全面推进依法治国若干重大问题的决定》这一文件规定了，"……推动实行审判权与执行权相分离的体制改革试点……"而最高人民法院《关于全面深化人民法院改革的意见——人民法院第四个五年改革纲要（2014—2018）》则规定为："24. 深化执行体制改革。推动实行审判权和执行权相分离的体制改革试点……"

[③] 譬如，在早期的中央政法委员会《关于深化司法体制和工作机制改革若干问题的意见》中规定有："法院执行职能划归司法局管辖，法院其他有关行政职能划归司法行政机关管辖，法院专司审判。在我国，法院判决后案件'执行难'很突出，影响到法院判决的权威性和严肃性。本次司法体制改革将包括法院执行在内的有关行政职能划归司法行政机关管辖，法院专司审判。"其后的《中共中央关于全面推进依法治国若干重大问题的决定》这一文件也规定了："……健全公安机关、检察机关、审判机关、司法行政机关各司其职，侦查权、检察权、审判权、执行权相互配合、相互制约的体制机制。完善司法体制，推动实行审判权和执行权相分离的体制改革试点。完善刑罚执行制度，统一刑罚执行体制。改革司法机关人财物管理体制，探索实行法院、检察院司法行政事务管理权和审判权、检察权相分离……"而最高人民法院《关于全面深化人民法院改革的意见——人民法院第四个五年改革纲要（2014—2018）》则规定为："（三）优化人民法院内部职权配置……24. 深化执行体制改革。推动实行审判权和执行权相分离的体制改革试点……"由此不难看出，在前两个文件中均涉及将执行机关与审判机关相分离，而后一文件却又将了执行权归属为法院内部职权之一，此类改革文件中存在较为明显的差异。

[④] 参见褚红军、刁海峰、朱嵘：《推动实行审判权与执行权相分离体制改革试点的思考》，载《法律适用》2015 年第 6 期；马登科：《审执分离运行机制论》，载《现代法学》2019 年第 4 期；肖建国、黄忠顺：《论司法职权配置中的分离与协作原则——以审判权和执行权相分离为中心》，载《吉林大学社会科学学报》2015 年第 6 期。

看,各类研究或是倾向于法院内部划分,① 或是提出了法院外部划分的主张,② 抑或是选择了兼顾法院内外的"折中模式"。③ 在此,拟以审执分离下执行监督机制模式的改革与完善为视角,结合相关资料,对执行监督机制改革模式及审执分离路径的选择进行讨论。

一、执行监督机制基本内涵的解析

诚然,随着法治建设的推进与司法理念的革新,对执行监督机制的关注度也在日趋增加。④ 但在现阶段的民事、行政诉讼法律体系中,尚缺乏对这一机制的明确规定。为了减少这一状况对后续论述的干扰与阻碍,本文拟在结合相关法律规范与文件的基础上,以监督活动的主体、客体、方式与效力为切入点,对执行监督制度的内容构成进行梳理。

执行监督机制相关规定

适用内容类型	条款及规定	内容规定	文件及条款
执行监督主体	普通主体	当事人	民事诉讼法第 232 条。最高人民法院《关于执行权合理配置和科学运行的若干意见》第 12 条。最高人民法院《关于进一步加强和规范执行工作的若干意见》第四部分

---

① 参见赵绘宇、黄卓昊:《救济、分权与检察监督——构建我国民事执行的三重制约机制》,载《华东政法大学学报》2010 年第 3 期;马登科:《审执分离运行机制论》,载《现代法学》2019 年第 4 期;谭秋桂:《民事执行权配置、制约与监督的法律制度研究》,中国人民公安大学出版社 2012 年版,第 161—184 页。

② 参见徐卉:《论审判权与执行权的分离》,载《中国社会科学报》2016 年 12 月 14 日;汤维建:《执行体制的统一化构建——以解决民事"执行难"为出发点》,载《现代法学》2004 年第 5 期。

③ 参见岳彩领:《构建审执分离制度之新路径》,载《人民司法·应用》2018 年第 16 期;江必新、刘贵祥:《审判权和执行权相分离的最优模式》,载《法制日报》2016 年 2 月 3 日;杨奕:《民事执行体制改革研究》,清华大学出版社 2013 年版,第 139—141 页。

④ 参见宁建海:《论民事执行的检察监督》,载《河南社会科学》2010 年第 6 期;贾佳:《民事执行检察监督制度的构建与完善》,载《河南社会科学》2011 年第 1 期;卢志坚、葛东升、刘艳、陈霞:《坚持审慎原则规范民事执行监督》,载《检察日报》2014 年 7 月 7 日。

续表

适用内容类型	条款及规定 / 内容规定		文件及条款
执行监督主体	普通主体	利害关系人	民事诉讼法第232条
		申请执行人	民事诉讼法第233条
		案外人	民事诉讼法第234条，最高人民法院《关于执行权合理配置和科学运行的若干意见》第12条
		社会监督	最高人民法院《关于全面深化人民法院改革的意见——人民法院第四个五年改革纲要（2014—2018）》第40条
	人民法院	最高人民法院	最高人民法院《关于人民法院执行工作若干问题的规定（试行）》第71条
		上一级人民法院	民事诉讼法第233条。最高人民法院《关于执行权合理配置和科学运行的若干意见》第12、30、33条。最高人民法院《关于人民法院执行工作若干问题的规定（试行）》第71条
		高级人民法院	最高人民法院《关于高级人民法院统一管理执行工作若干问题的规定》第1条，最高人民法院《关于进一步加强和规范执行工作的若干意见》第三章第2条
		本级人民法院	最高人民法院《关于执行权合理配置和科学运行的若干意见》第12条
		人民法院及其内部机构、内部人员	最高人民法院《关于执行权合理配置和科学运行的若干意见》第6条，最高人民法院《关于进一步加强和规范执行工作的若干意见》第三部分第2、3条，第四部分
		人民检察院	民事诉讼法第242条，中央纪律检查委员会、中央组织部、中央宣传部等《关于建立和完善执行联动机制若干问题的意见》第5条
		党委、人大、舆论、人民陪审员与执行监督员	最高人民法院《关于进一步加强和规范执行工作的若干意见》第四部分

续表

适用内容类型	条款及规定内容规定	文件及条款
执行监督客体	执行行为	民事诉讼法第232、233条，最高人民法院《关于高级人民法院统一管理执行工作若干问题的规定》第5、9条，最高人民法院《关于执行权合理配置和科学运行的若干意见》第30条，最高人民法院《关于人民法院执行工作若干问题的规定（试行）》第78条
	执行标的	民事诉讼法第234条
	执行裁定	最高人民法院《关于高级人民法院统一管理执行工作若干问题的规定》第5条，最高人民法院《关于执行权合理配置和科学运行的若干意见》第30条
	执行依据	最高人民法院《关于执行权合理配置和科学运行的若干意见》第12条，最高人民法院《关于人民法院执行工作若干问题的规定（试行）》第73、75条
	执行中的裁定、决定与通知	最高人民法院《关于人民法院执行工作若干问题的规定（试行）》第72条
	是否执行	最高人民法院《关于人民法院执行工作若干问题的规定（试行）》第74条
	执行案件的质量与效率	最高人民法院《关于进一步加强和规范执行工作的若干意见》第二部分第3条
	刑事犯罪	中央纪律检察委员会、中央组织部、中央宣传部等《关于建立和完善执行联动机制若干问题的意见》第5条
执行监督方式	变更执行	民事诉讼法第233条，最高人民法院《关于高级人民法院统一管理执行工作若干问题的规定》第9条，最高人民法院《关于人民法院执行工作若干问题的规定（试行）》第74条
	执行异议、案外人异议	民事诉讼法第234条

续表

适用内容类型	条款及规定 内容规定	文件及条款
执行监督客体	审判监督程序	民事诉讼法第234条，最高人民法院《关于执行权合理配置和科学运行的若干意见》第12条，最高人民法院《关于人民法院执行工作若干问题的规定（试行）》第75条
	起诉	民事诉讼法第234条
	函告、裁定与决定的作出	最高人民法院《关于高级人民法院统一管理执行工作若干问题的规定》第5条
	通报批评、纪律处分	最高人民法院《关于高级人民法院统一管理执行工作若干问题的规定》第13条
	指令、裁定与决定	最高人民法院《关于执行权合理配置和科学运行的若干意见》第30条，最高人民法院《关于人民法院执行工作若干问题的规定（试行）》第72条
	责令作出或直接作出裁定	最高人民法院《关于人民法院执行工作若干问题的规定（试行）》第73条
	督促执行	最高人民法院《关于人民法院执行工作若干问题的规定（试行）》第74条
	责任追究	最高人民法院《关于人民法院执行工作若干问题的规定（试行）》第78条
	复议	最高人民法院《关于进一步加强和规范执行工作的若干意见》第三部分第2条
	上级法院的提级执行、指定执行、交叉执行，以及立案阶段发放廉政监督卡、执行监督卡与举报等	最高人民法院《关于进一步加强和规范执行工作的若干意见》第四部分

通过上表，不难发现，虽然民事诉讼法、行政诉讼法等法律规范对执行监督机制尚缺乏详细且明确的规定，①但随着近年来法治建设步伐的加快及各类规范文件的制定，中国已初步形成了较为全面、完整的执行监督体系。②在此，结合表格信息与相关文献资料，可对现阶段执行监督机制的具体特征概括并分析如下：

一是监督主体方面。通过对表格信息的分析，可以发现，在主体范围方面，现阶段的执行监督机制不仅囊括了执行工作主管机关的各级人民法院，③还涵盖了诸如各级检察机关、人民代表大会及其常务委员会、利害关系人等其他类型的监督主体，使得执行监督机制在整体上形成了兼顾内部监督与外部监督的主体搭配模式。

---

① 具体来看，行政诉讼法并未涉及这一内容，而民事诉讼法除在其第 235 条处规定了："人民检察院有权对民事执行活动实行法律监督。"之外，也未对这一内容有着较为细致地规定。

② 除表中所列文件外，诸如最高人民法院《关于严格规范终结本次执行程序的规定（试行）》第 7 条，最高人民法院《关于民事执行中变更、追加当事人若干问题的规定》第 32 条，《人民检察院行政诉讼监督规则》第 19、36、58、104、105 条，《人民检察院民事诉讼监督规则》第 104—110 条，最高人民法院、最高人民检察院、公安部、国家安全部、司法部《关于对司法工作人员在诉讼活动中的渎职行为加强法律监督的若干规定（试行）》第 2、3、13、15、16 条，最高人民法院《关于适用〈中华人民共和国民事诉讼法〉执行程序若干问题的解释》第 5、10、12、14 条，最高人民法院、最高人民检察院《关于民事执行活动法律监督若干问题的规定》第 4、6、7、11 条，以及最高人民法院、最高人民检察院《关于在部分地方开展民事执行活动法律监督试点工作的通知》第 2、3、4、8 条等中央层级的文件均对这一内容进行了规定，但考虑到文章篇幅与分析的需要，以及此类文件内容的相似性，在此未予展开阐述。同时，部分地方性文件也对这一机制进行了较为全面、可供参考的规定，譬如：广东省高级人民法院《关于贯彻〈最高人民法院关于进一步加强和规范执行工作的若干意见〉》的实施意见》在其第 1 条与第 25 条处规定了人民法院对执行工作的监督，在第 26 条处规定了各方当事人的监督地位，而在第 27 条处明确了人大代表、政协委员的监督地位。此外，辽宁省人民代表大会常务委员会《关于进一步加强人民法院执行工作的决议》第 2、5、6、12 条，辽宁省人民代表大会常务委员会《关于进一步加强人民法院执行工作的决定》第 15 条以及《北京市法院执行工作规范》第 205、467、481、498、499、568、571、573、600、609—610、683—692 等各类条款皆对执行监督机制的主体、范围、方式与效力进行了较为详尽的规定。

③ 就不同法律规范与文件的具体内容来看，民事诉讼法第 243 条明确规定了："发生法律效力的民事判决、裁定……由第一审人民法院或者与第一审人民法院同级的被执行财产所在地人民法院执行。"在最高人民法院《关于执行权合理配置和科学运行的若干意见》中规定有："执行权是人民法院依法采取各类执行措施以及对执行异议、复议、申诉等事项进行审查的权力。"而最高人民法院《关于人民法院执行工作若干问题的规定（试行）》规定了："人民法院根据需要，依据有关法律的规定，设立执行机构，专门负责执行工作。"最高人民法院《关于进一步加强和规范执行工作的若干意见》则规定为："……高、中级人民法院应当成立执行指挥中心，组建快速反应力量。有条件的基层人民法院根据工作需要也可以成立执行指挥中心……"虽然行政诉讼法对这一内容缺乏直接规定，但结合其第 65 条与第 66 条中规定的"向第一审人民法院申请强制执行"等内容及《人民检察院行政诉讼监督规则》第 109—111 条中对审判机关执行活动施以监督的规定来看，也可认为行政诉讼是以人民法院为执行权行使机关。

二是监督客体方面。诚然，受自身地位、权能的约束，作为司法监督机关的检察机关，为减少其对于人民法院工作的不当干扰，仅可针对涉及法律适用且达到一定程度的问题进行监督，① 而对于执行器具选择等仅涉及内部事务的事项则不宜进行监督。② 同时，当事人与案外人的监督活动也需与自身的实体权益相关联，③ 难以对执行活动的各领域均实施监督。但从其整体看来，仍已基本涵盖了包括执行行为、执行依据、执行结果与执行主体在内的各类实体性和程序性执行问题。并且，结合前一内容所述，多元化监督主体配置的存在，也可在不同主体依职权、地位对各类执行工作进行监督的过程中，促使执行监督客体的完整性得到进一步的确认。譬如，检察机关针对涉嫌犯罪情形的监督、人民法院针对内部工作的监督、利害关系人针对涉及自身权益的执行工作的监督，可从不同层面对执行活动进行监督，在贴合不同主体实际状况的同时，较好地保证了这一监督机制在客体范围上的完整性。④

三是监督方式方面。在现阶段执行监督的各类法律规范与文件中，监督方式就包含有提出异议、复议、申诉、指令、检察建议以及提起执行异议之诉、案外人异议之诉与审判监督程序等诸多类型。根据各类措施适用问题特征的不同，可将异议、复议、申诉等措施视为针对普通问题的一般性监督方式，而后三类措施则可归属于法律性监督方式，以较为严重的法律问题为适用领域。同时，考虑到这一监督机制主体构成的多元性，尤其是检察机关与权力机关的参与，将使得针对职务犯罪行为的调查以及国家权力机关对人民法院工作报告的听取、审议、质询与询问，乃至开展实际调查、提起撤职案等方式均可纳入执行监督机制的方式范畴。⑤ 基于此，在具体措施层面，执行监督机制呈现出一

---

① 譬如执行行为方式的选择或执行裁定的作出。
② 参见张兆松：《检察学教程》，浙江大学出版社2009年版，第345页。
③ 除民事、行政诉讼法对诉权内容规定的限制外，近年来的相关司法实践中也逐步确认了这一要件的存在，譬如，在某一案件审理过程中最高人民法院就明确提出了执行异议之诉需与当事人的实体权利，即直接利害关系相关联。参见中华人民共和国最高人民法院（2014）民一终字第174号民事判决书。此外，在《北京市法院执行工作规范》在第481—482条中也对这一内容进行了较为细致的规定。
④ 更为详细的规定可见于《人民检察院行政诉讼监督规则》与《人民检察院民事诉讼监督规则》。
⑤ 具体内容可见于《中华人民共和国宪法》第62、67、101与104条及《中华人民共和国各级人民代表大会常务委员会监督法》第5、9、44与45条的内容规定。此外，随着近年来执行监督研究的深入与论证，诸如抗诉、纠正违法通知以及现场监督等方式成为执行监督措施也是可预期、且有其积极意义的。参见高树勇、桂书立：《检察机关对民事执行活动监督范围和方式探析》，载《钦州学院学报》2012年第8期；宁建海：《论民事执行的检察监督》，载《河南社会科学》2010年第6期；贾佳：《民事执行检察监督制度的构建与完善》，载《河南社会科学》2011年第1期。

般性监督方式与法律性监督方式并存的特征。

四是监督效力方面。结合关于监督方式的讨论与相关法律条款来看，以执行异议之诉、案外人异议之诉与审判监督程序为主的监督方式在实施中，主要以执行活动为其效力实施对象。而诸如职务犯罪责任追究、纪律处分，以及权力机关对于职务的管理与控制等监督方式的存在，也使得执行监督机制对执行行为人在一定程度上具有了实际效力。同时，随着司法责任制改革的推进，①这一特性还将有着可预期的增强。因此，受监督方式模式与相关司法改革措施的影响，执行监督机制在其效力层面将日趋具有较为突出的、兼具对执行活动与执行行为人双重监督效力的特征。

五是执行监督机制的权能属性方面。执行权受其权能主体——人民法院在国家权力结构体系中实际定位的影响，无论是这一权能的行使或是其他工作的开展，都趋近于司法活动的延伸。由此来看，考虑到执行监督机制以执行权行使为主要适用对象，其与司法权之间难免存在关联。同时，在监督主体视角下，仅以检察机关的参与为例，受制于宪法、人民检察院组织法及相关规范文件的立法规定限制，除涉嫌刑事犯罪的情形外，检察机关仅可针对司法权的运作进行监督。② 而诸如民事诉讼法第 242 条与《北京市法院执行工作规范》等各类文件对检察机关执行监督主体地位的规定，也在一定程度上确认了这一机制与司法权相关性的存在。③ 最后，从监督方式层面看，除针对一般性问题的申诉、异议等措施外，作为主要内容的变更执行机关、执行异议之诉、案外人异议之诉以及审判监督程序等措施均规定于民事诉讼法与行政诉讼法等法律中，使得此类措施在法律基础上凸显司法权属性。诚然，其他文件也对执行监督措施有所规定，但考虑到此类文件制定主体的特殊性，执行监督活动被视为司法活动延伸的地位亦未有明显改变。④ 因此，执行监督机制与司法权运作有

---

① 主要包括结合最高人民法院《关于完善人民法院司法责任制的若干意见》第 37 条与法官法第 32、33 条与第 34 条采取的纪律处分与其他惩戒措施。

② 虽然全国人大常委会《关于授权最高人民检察院开展公益诉讼试点的决定》的制定使得检察机关在一定程度上具有了对行政活动的监督权能，但考虑到这一文件仅涉及"生态环境和资源保护、国有资产保护、国有土地使用权出让、食品药品安全等领域"中行政机关不合理履行职权，危害公共利益的情形，与本文所讨论的执行活动存在明显的差异。故，依据立法法第 8 条的规定来看，可以认为在执行活动中检察机关不可对行政权进行监督。

③ 同理，根据表格所列信息考虑，作为审判权主体的人民法院享有对执行活动的监督权更可作为对这一机制司法权属性的印证。

④ 即涉及此类措施的最高人民法院《关于执行权合理配置和科学运行的若干意见》、最高人民法院《关于人民法院执行工作若干问题的规定（试行）》等文件主要由最高人民法院制定，而在中国国家权力结构下，这一机关及其活动将不可避免地具有司法权属性。

着不容忽视的联系，乃至这一活动在相当程度上具有司法权属性。①

综上，通过对各类规范的分析、解读，不难看出，中国在现阶段中已然形成了参与主体多元、适用客体全面、实施方式综合且实际效力具有双重性的执行监督机制。而且，随着执行工作立法的完善及前述执行监督机制的形成，诸如监督方式单一、监督主体不明确等传统执行监督问题均得到一定程度的缓解。②

结合其运作效果来看，首先，内部监督机制的存在，可以促使执行机关对其执行活动合法性与正当性的自我检验，在事前阶段减少不正当执行活动的损害，顺应了当下法治国家建设目标的需求。但考虑到这一监督模式的主体与其监督对象间的联系，以及审判机关间相对独立性地位建设的不完善，上级机关对于其下级机关工作的监督效力尚存疑虑，若仅依靠内部监督不免造成监督的内部化、封闭化，甚至虚置化。而外部监督的引入，则可在内部监督尚存有缺漏的情况下，为执行机关的权力实施行为提供更为平衡、全面且透明的监督机制，推动这一机关工作的合理开展。其次，一般性监督方式与法律性监督方式的并存，可促使执行监督机制在保证自身适用范围全面性的同时，有效贴合具体情形需求，避免监督行为与对象间程度配置失衡带来的监督失当。③ 最后，虽然对执行行为影响的消除也将带来对行为人相关利益的剥夺，但相较而言，对行为人的直接惩处可更好地落实监督措施的效力。此外，执行监督机制适用客体范围的完整性对于这一机制的合理、有效运作也有着不容忽视的影响作用。可以说，现有执行监督机制的存在对于中国执行监督工作的开展，以及执行活动的合理、正当进行均有其积极意义。④

但是，也不可否认，这一机制在立法规范的统一性或运作的有效性等方面

---

① 除前述内容外，诸如审判机关内部的责任追究或是执行裁决撤销等监督效力类型的存在，也在一定程度上体现了这一机制的司法权属性，在此不予展开。综合来看，虽然诸多学者论证了这一权能与司法权特征的差异性，但由于现阶段法律体系下执行权行使主体的特殊性，其司法权属性将是不可避免的。参见洪冬英：《论审执分离的路径选择》，载《政治与法律》2015 年第 12 期；朴顺善：《试论司法权控制下的审执分离模式选择》，载《中国政法大学学报》2019 年第 3 期。

② 参见余文辉、叶胜宇、谢丽梅：《对当前民事执行检察监督的思考》，载《中南林业科技大学学报》2011 年第 4 期；汪培伟：《民事执行检察监督权运行的反思与完善》，载《中国检察官》2020 年第 9 期。

③ 譬如，针对较为轻微的情节提起执行异议之诉，不仅难以发挥此类措施的效力，还将造成对人民法院工作的不当干扰与司法资源的不合理运用，有悖于执行监督机制存在对于维护执行活动秩序这一目标的要求。

④ 参见《强化执行监督服务发展大局》，载《晋中日报》2012 年 7 月 11 日；王永强：《当代我国民事执行监督的困境与出路》，载《齐齐哈尔大学学报》2016 年第 9 期；乔海艳：《建立民事执行监督检察权运行机制探索》，载《辽宁公安司法管理干部学院学报》2012 年第 1 期。

仍有不足，其自身也存有尚待发展之处。譬如：通过前述表格可知，现阶段中执行监督机制仍分置于不同文件中，缺乏较为统一的整体规定，① 且此类文件在立法位阶、监督效力实现方式等内容的涉及方面也存在一定的缺陷。同时，在审判权与执行权，以及执行权内部各类权能的区分日趋明显的当下，将此类权能均归属于法院行使，难免使得各权能间的制约因主体混同而存有缺漏，或减损其监督工作的效力，或造成对其权能设置、区分目标的背离。因此，无论是为了对执行活动正当、合理进行与司法公正目标实现的推动，或是在这一过程中对公民权益的维护，抑或是在法治建设中对权力制约与监督这一发展趋势的顺应，② 对执行监督机制存在的缺陷加以弥补，并为其效用发挥提供相应的改进、完善方案将是执行监督机制与执行制度发展的必然选择。③

然则，受制于自身相关因素的影响，这一机制的各类内容还与司法权，尤其是审判权的运作有着不可忽视的关联性。而这一状况的存在，将使得在以审执分离为主的审执关系改革中，执行监督机制不仅在权能属性方面将发生转变，其具体内容构成也将受到相应的影响，抑或发生根本性的变革。④ 由此来看，如若忽略，或是无视此类状况的存在，继续坚持既往的审判权与执行权相混同的实施机制，不仅执行监督机制的现有问题难以得到较好地解决，诸如机制创新等其他改革措施的推行也将受到阻碍，甚至与"审执分离"等司法改革措施的基本方向与理念相冲突，有悖于此类改革的目标要求。并且，虽然仅从改革的内容与方向看，审执分离改革必然涉及执行权与审判权的分置以及执行工作模式的变更，但这并非等同于这一改革的实施无须考虑现有的执行制

---

① 具体来看，《人民检察院行政诉讼监督规则》《人民检察院民事诉讼监督规则》与最高人民法院、最高人民检察院《关于民事执行活动法律监督若干问题的规定》仅对检察机关的监督内容进行了规定，而其他文件也未能囊括执行监督机制的整体内容。参见石东坡、陈俊：《民事执行检察监督制度的立法评价与设计——以《民事诉讼法》与《人民检察院组织法》协同修改为视点》，载《浙江工业大学学报》2015年第2期。

② 结合相关文件看，除最高人民法院《关于执行权合理配置和科学运行的若干意见》、最高人民法院《关于人民法院执行工作若干问题的规定（试行）》等以执行活动为主要适用对象的文件均对执行监督进行了规定外，在新时期的司法改革指导性文件《中共中央关于全面推进依法治国若干重大问题的决定》的第三章第5条与第四章第6条处均强调了对行政、司法等权力运作的制约与监督。

③ 仅结合现阶段的各类文献看，诸多研究从案源拓宽、方式改进以及机制创新等角度对执行监督机制的改进与完善提出了可取的建议。并且，随着监察体制改革的推进，原有的执行监督机制在其主体、客体等方面也势必发生变化。参见王永胜：《当代我国民事执行监督的困境与出路》，载《齐齐哈尔大学学报》2016年第9期；乔海艳：《建立民事执行监督检察权运行机制探索》，载《辽宁公安司法管理干部学院学报》2012年第1期；吴军、谢妮霞：《基层检察官执行监督之我见》，载《山西省政法管理干部学院学报》2013年第2期。

④ 譬如，审判权与执行权的分离必然带来审判机关与检察机关监督机制在客体、方式等方面的变更，甚至造成二者监督主体定位的变化。

度，尤其是执行监督机制效用发挥的影响。相反，审执分离改革的目的在于通过区分执行权、审判权的权能属性与运作机制，优化司法职权配置体系，促进审判权、执行权等权能间的相互制约与协助，对因制约机制不完善等因素导致的"执行难""执行乱"等问题加以解决，保证执行权能效力发挥得充分与合理。① 换言之，变革现有的执行权制约机制，加强与落实对执行权的制约效力，减少乱执行、消极执行、选择执行、拖延执行与外部对执行工作干扰等情形的发生，为执行权的运作提供更为可取的制度环境乃是审执关系改革的重要任务之一。因此，能否在推动改革措施落实的同时，保证执行监督机制效力的发挥，避免改革模式选择失当引发执行监督效力减损、执行监督机制缺失等问题，将成为对审执分离改革实施效果，乃至改革目标与措施合理性、正当性进行评价的重要标准。

因此，在立足于执行监督机制实际特征及其改进、发展需要同时，还应当结合审执关系改革的相关内容，通过选取现阶段较为主流的"彻底外分""深化内分"与"适当外分"三类审执分离模式为切入点，对这一机制的改革模式进行预测与分析，为执行监督机制的完善和发展提供较为清晰、明确的思路与方向。同时，在预测与分析结果的基础上，对不同模式的特征、效果等具体内容进行了解、讨论和比较，并根据改革目标与执行权运作的实际需求，对改革措施进行及时调整或是选择较为适宜的改革模式。通过此类措施的运用，可在保证审执关系改革得以顺利推进的同时，推动执行监督机制效力合理、充分的体现，从而减少、避免执行监督机制改革与审执关系改革在理念、措施等内容间的冲突。

二、"深化内分"模式下执行监督机制的改革模式及评析

"深化内分"模式，主要指在人民法院内部，将执行实施权与执行审查权归属于不同机构行使的审执分离模式。② 这一模式主要可见于意大利、奥地利

---

① 考虑到现阶段的研究将"执行难"被归属于被执行方，而"执行乱"则被视为与执行主体相关的问题。故，执行监督机制的存在与运作主要以后者为适用对象。参见王晓伟：《完善基层民事执行检察监督体系的思考——法、检与当事人从博弈到共赢的可行性探索》，载《上海法学研究》集刊2020年第12卷；朴顺善：《试论司法权控制下的审执分离模式选择》，载《中国政法大学学报》2019年第3期。

② 虽然也有部分研究提出将执行权划分为执行实施权、执行裁决权与执行命令权或其他相似类型的权能，但考虑到此类划分模式仅在于对执行活动内容的区分，并未对执行权的性质产生实质性影响。故，本文在此还是倾向于采取执行实施权与执行审查权的划分模式。

等国的民事执行制度中，譬如，意大利民事诉讼法第484条明确了执行法官主持执行程序的权能，而奥地利则以其地方法院的书记官为执行实施活动的主体。① 同时，结合相关资料可知，近年来中国部分地区对于这一模式已有相应的尝试，其中较为典型的可见于：以中级法院负责裁决，而基层法院行使执行实施权的"绍兴模式"；建设跨区域执行机关，统一执行权能的"唐山模式"；以及将执行裁决权与实施权分离，单独设立执行裁决机关的"长沙模式"。② 此外，我国台湾地区虽设置有包括执行法官、司法事务官、书记官、执达员等多类主体在内的"民事执行处"，但究其整体来看，仍归于"法院"所属。③

（一）"深化内分"模式下执行监督机制的改革模式

应当看到，"深化内分"模式在实施过程中确实涉及了对执行权的区分，但无论是将执行权统归于上级法院或是本级法院内部划分，抑或是上下级法院间相互负责的模式，在执行权能依旧归属于司法机关的情形下，执行实施权或是执行审查权的行使均可视为司法活动的延伸，执行权能的属性未有实质性变更。在此情形下，执行监督机制除受监察体制改革的影响，在内部监督主体的范围层面可能因涉及机构的不同而有所变化外，其余内容将与原有的执行监督机制相一致。④ 由此可知，对这一模式下执行监督机制的改革路径，并未与既有研究观点存在较为明显的区别。为保证文章论述的连续性与完整性，在结合相关资料的基础上，以监督主体、客体、方式与效力为主要结构，将其归纳如下：

---

① 转引自谭秋佳：《民事执行权配置、制约与监督的法律制度研究》，中国人民公安大学出版社2012年版，第124—125页。

② 此外，在东营、莆田、重庆等地区也相继开展了具有其特色的"审执分离改革"。而相关文件也有相近的内容规定，譬如：《关于执行权合理配置和科学运行的若干意见》第2条规定："地方人民法院执行局应当按照分权运行机制设立和其他业务庭平行的执行实施和执行审查部门，分别行使执行实施权和执行审查权。"而广东省高级人民法院《关于贯彻〈最高人民法院关于进一步加强和规范执行工作的若干意见〉的实施意见》则规定了："（八）执行权分开行使……中级法院和基层法院执行局内设执行实施机构和执行审查机构，分别行使执行实施权和执行审查权。执行审查权应当由执行法官行使；执行实施权既可以由执行法官行使，也可由执行员、法警和其他执行人员行使。"参见杨奕：《民事执行体制改革研究》，清华大学出版社2013年版，第60—79页；管文超：《民事执行权配置及运行研究——以民事执行政策变迁为视角》，载《建设公平正义社会与刑事法律适用问题研究——全国法院第24届学术讨论会获奖论文集（上册）》2012年，第451—461页；黄忠顺：《民事执行机构改革实践之反思》，载《现代法学》2017年第2期。

③ 参见齐树洁主编：《台湾地区民事诉讼制度》，厦门大学出版社2016年版，第377页。

④ 换言之，在不考虑监察体制改革的情形下，除内部监督主体由既往的审判机关转换为执行局等机构外，由于权能属性未有变更，无论是检察机关的参与或执行异议之诉、案外人异议之诉等措施的采取均不会受到干扰，与原有执行监督机制的内容相比并无过多变化。

一是在监督主体方面。考虑到"深化内分"模式下，执行权实施主体已发生变化，故而在内部监督主体方面，除保证既往的各级法院之间以及法院内部审判机关与执行机关间的相互监督地位外，还应当构建、确立执行审查机关与执行实施机关间的相互监督机制。并且，虽然既有的执行监督机制已涵盖了较为主要的外部监督主体，但从其具体条款设置进行观察，也可发现，这一主体配置模式还呈现出以内部监督为主，外部监督为辅的特征。① 因此，对于外部监督主体，在维持现有的人民代表大会及其常务委员会、利害关系人等类型的监督主体设置的基础上，应当继续明确、强化检察机关的监督地位，并设置专门化的监督部门，通过这一法定、中立监督主体的参与，为监督工作的开展及其效用的实现提供更为有力的保障。虽然近年来关于检察机关监督地位存在一定的争议，但考虑到这一机关的法律监督地位，以及民事诉讼法第 242 条等条款内容的设置，在"深化内分"模式将执行活动归属于人民法院实施的情形下，检察机关对执行活动进行监督应当是合法且合理的。②

二是在监督客体方面。针对现阶段中监督机关，尤其是以检察机关为代表的外部监督主体面临的范围狭窄、缺失等问题，在实际规定中，当事人与案外人仅可针对与自身存在利害关系的执行行为进行监督，而民事诉讼法第 242 条仅对检察机关的执行监督进行了较为概括化的规定，《关于建立和完善执行联动机制若干问题的意见》则将检察机关的监督范围限于"渎职侵权、贪污受贿等职务犯罪"的情形，其余文件则均围绕人民法院的监督进行规定。虽然民事诉讼法的规定可为检察机关监督工作的开展提供法律依据，但在监督工作的开展中，检察机关等主体仍将受制于具体范围空白的困扰。基于此，应当积极开拓检察机关等外部监督主体的执行监督案源，将各类执行活动均纳入其监督范围。无论是执行实施行为与执行审查行为，或是执行行为、执行依据、执行结果与执行行为人，抑或是严重违法的执行行为与较为轻微的不当执行行为，均应当归属于检察机关的监督客体范畴之列，③ 使得外部监督主体能够与

---

① 即前列条款中，仅民事诉讼法第 232、233、234 与 242 条，最高人民法院《关于执行权合理配置和科学运行的若干意见》第 6 条。且此类条款在内容设置上或过于概括化，或限于对特定执行监督内容的规定，未能如内部监督机制一样完整而全面。

② 参见吴军、谢妮霞：《基层检察官执行监督之我见》，载《山西省政法管理干部学院学报》2013 年第 2 期；乔海艳：《建立民事执行监督检察权运行机制探索》，载《辽宁公安司法管理干部学院学报》2012 年第 1 期；余文辉、叶胜宇、谢丽梅：《对当前民事执行检察监督的思考》，载《中南林业科技大学学报》2011 年第 4 期。

③ 譬如：我国台湾地区在其民事诉讼法律中就规定了当事人及利害关系第三人对违法执行行为、不当执行行为提出异议、进行监督的权能，作为大陆法系中较为典型的地区，此类规定颇有其参考价值。参见齐树洁主编：《台湾地区民事诉讼制度》，厦门大学出版社 2016 年版，第 396 页。

内部监督主体一般对执行活动进行多类型、多层次的监督，为执行监督工作开展的全面性、完整性等目标的实现提供必要的保证。此外，赋予执行实施机关与审查机关对彼此间工作的监督权能，促使执行权内部各权能间的相互监督，也是"审执分离"改革推行及执行权分置的应有之义。

三是在监督方式方面。为了保障前述监督主体与监督客体改革的顺利、有效实施，切实解决现阶段中部分主体监督方式单一等问题。应当在维持、落实既有的异议、复议、申诉、指令、检察建议以及提起执行异议之诉、案外人异议之诉与审判监督程序等监督方式的基础上，根据具体情形的不同，增加相应的监督措施。譬如：对于执行实施与执行审查部门之间，可赋予其就与执行活动相关的问题提出建议、异议以及向法院主管部门反映的权能。而对于检察机关，则可以根据执行行为程度、情形的差异，增加其提出违法纠正通知书、检察建议、暂缓执行建议、抗诉乃至实施现场监督等方式的权能。① 同时，对于既有的案外人异议之诉等监督方式而言，也可依托审执分离改革的具体内容，借鉴域外同类型制度，对其具体内容进行完善，发挥其在"深化内分"模式下执行活动中的监督效力。② 此外，为了保证前述监督方式的顺利实施，减少诸如现场监督等措施的资源消耗，构建以联席会议制度、报告制度为主的信息交流与工作协作机制，以及专家学者的参与和论证等制度均是有其积极意义的。③

四是在监督效力方面。考虑到随着监察体制改革的推进，诸如对职务犯罪的处理将逐步脱离于检察机关的职责范围之外。在此情形下，为了保证其他监督措施效力的实现及整体监督效力的完整性，除抗诉等具有法定效力的措施外，应通过加强各机关间的工作协作，依托于相关文件的制定或是立法的完善，可为此类监督措施的效力提供必要的保障。譬如：在前述监督机制改革措施的基础上，通过加强检察机关、人民法院、监察机关间的相互协作，实现异议、复议、执行异议之诉、案外人异议之诉与检察建议、暂缓执行建议、抗诉

---

① 参见吴军、谢妮霞：《基层检察官执行监督之我见》，载《山西省政法管理干部学院学报》2013年第2期；易玲、廖永安：《民事执行权微观配置再思考——以民事执行权法律性质分析为切入点》，载《湘潭大学学报》2012年第3期。

② 譬如：参考意大利民事诉讼法第619条中第三人仅需向执行法官提出异议，后者通过裁决允许第三人参与审理的内容设置，简化案外人异议制度中执行机关对第三人异议的审查程序。参见毋爱斌：《审执分离视角下案外人异议制度的变革》，载《中南大学学报》2017年第2期；唐力：《民事强制执行权：属性、构造及其正当性论证》，载《甘肃社会科学》2011年第3期。

③ 参见卢志坚、葛东升、刘艳、陈霞：《坚持审慎原则规范民事执行监督》，载《检察日报》2014年7月7日；乔海艳：《建立民事执行监督检察权运行机制探索》，载《辽宁公安司法管理干部学院学报》2012年第1期。

以及职务犯罪的处理等措施相互协调，使得诸如执行异议之诉、案外人异议之诉等以执行行为作为效力对象的措施与职务犯罪处理、司法责任制等以执行行为人为效力对象的措施相协助，保证其效力的完整性与全面性。同时，职务犯罪处理、司法责任制等方式的存在，也可为异议、复议、检察建议等方式效力的实现提供支持，确保措施的实效化。而立法层面的增补完善，则可为此类效力提供更为有力的法律依据。

此外，为了保证前述改革措施的顺利实现，还应当由各机关间统一协调，制定相应的工作指导文件。其后，对民事诉讼法第242条进行修改与补充，并在行政诉讼法中增设相应的内容，从立法层面为执行监督机制的完善提供必要的依据与支撑。

（二）对"深化内分"模式下执行监督机制改革模式的评析

虽然现阶段研究普遍将执行权归属为异于审判权的权能，然而，随着执行权理论研究与实践探索的推进，旧有的单一"行政权说"或"司法权说"已难以满足对这一权能属性认定的需求。因此，将执行实施权归属于行政权，而把执行审查权归属于司法权，此类模式已成为现阶段对执行权权能属性研究与认定的可取之道。① 对于"深化内分"模式下执行监督机制改革模式的评析，可从权能属性的适应、监督机制的设置与实际运作的效果三个层面进行展开，② 具体来看如下：

一是在权能属性的适应方面。诚然，"深化内分"模式的推行及其对执行权司法权属性的维持，可贴合执行审查权的权能认定需求。在该模式下，执行权存在一定的权能划分，但受制于行使主体的特殊性，此类权能均归属于人民法院内部机构行使，使得这一权能整体上仍可被视为司法活动的延伸。然而，

---

① 结合近年来的各类实践、理论资料看，以执行行为为主要内容的执行实施权，受其自身主动性、非中立性与非独立性等特征的影响，将其归属为行政权在法律依据与法理支撑上均是可取的，具体文件规定可见于《中央政法委员会关于深化司法体制和工作机制改革若干问题的意见》。同时，对于具有启动被动性、中立性及独立性等特点的执行审查权而言，更趋向于司法权属性，具体规定可见于最高人民法院《关于执行权合理配置和科学运行的若干意见》第4条等文件的规定。参见郑金玉：《审执分离的模式选择及难题解决》，载《西部法学评论》2015年第5期；王晓伟：《完善基层民事执行检察监督体系的思考——法、检与当事人从博弈到共赢的可行性探索》，载《上海法学研究》集刊2020年第12卷。

② 具体来看，权能属性的适应，意指特定审执分离模式下执行监督机制的变化形式是否符合执行权的权能属性，这是分析执行监督机制完善路径与审执分离改革模式是否可取的理论前提所在，而监督机制的设置主要关注是否有助于监督机制的合理设置，是分析的实质基础。实际运作的效果则关注其外在表现，也即，不同监督机制模式的实际效用。

基于该类模式的影响，无论是将执行权（尤其是执行实施权）归属于何种级别的法院或法院内部的何种部门行使，其行政权属性均将难以得到体现。而此类状况的存在，也将使得执行监督机制的运作与改革在其主体设置、客体界定、措施采取与效力搭配等方面呈现出较为明显的司法权属性，从而造成对行政活动的不当干预，减损了执行监督机制及其运作、改革措施在执行权能适应上的合理性、正当性。①

二是在监督机制的设置方面。诚如部分学者所言，② 这一模式的推行既无须涉及对现行执行制度较大规模的变动，也避免了法律修改带来的司法资源消耗或对司法秩序造成干扰，对于现阶段的执行工作，尤其是执行监督机制的运作在稳定性方面具有不容忽视的积极意义。但也应当看到，在"深化内分"模式的运作下，不仅诸如检察机关执行监督工作负担过重、现场监督实施困难或是抗诉界限不清等问题依旧存在，并且此类问题的解决还难以因"深化内分"模式的推行而获得实质性的推动，③ 换言之，对于执行监督机制设置问题的解决，此类改革模式未能有较好的促进作用。

三是在实际运作的效果方面。应当看到，虽然随着司法机关人财物管理体制的改革与"深化内分"模式对检察机关监督地位的维护，在执行监督工作的开展中，"地方保护主义"等干扰将得到遏制。但在执行权与审判权，以及执行实施权与执行审查权均归属于法院行使的情形下，此类权能可否独立行使、内部干扰能否得以控制将难免受到质疑。由于旧有内部监督机制缺陷能否得以改善仍旧存在疑问，不仅《中共中央关于全面推进依法治国若干重大问题的决定》等文件所要求的审判权与执行权相互独立的制约机制未能完全建立，诸如法官执行、监督地位尴尬等状况也难以得到彻底的缓解。④

综上，虽然"深化内分"模式的推行并未带来司法资源消耗或是司法改

---

① 譬如，检察机关对行政性活动的干预，既不能体现自身的监督权效用，也将违反宪法等法律规范中对各权力行使边界的要求。

② 参见岳彩领：《论强制执行审执分离模式之新构建》，载《当代法学》2016 年第 3 期。

③ 譬如：对于检察机关因资源配置的有限性而难以充分开展现场监督等工作的问题，在检察机关的监督地位、范围未有明显改变的情形下，这一问题不仅将持续存在，且对其的解决路径与既往执行监督机制的改革模式相比也并无明显区别。换言之，由于"深化内分"模式仅在法院内部对执行权有所调整，并未对整体执行监督机制，尤其是检察机关监督的相关内容产生实质性的影响，既有的执行监督问题仍有待解决，而后者也难以从此类改革模式中获得相应的改革指引。

④ 虽然较多学者关注于对"地方保护主义"的约束，但法院内部对执行工作的干扰等问题也日趋凸显，并在部分地区的实践中已有出现，参见刘忠：《司法地方保护主义的话语批评》，载《法制与社会发展》2016 年第 6 期；徐卉：《论审判权与执行权的分离》，载《中国社会科学报》2016 年 12 月 14 日。

革负担的增加，但受制于自身改革程度、性质的限制。在这一模式下，审执关系与执行监督机制存在的问题未能得到较好且具有实质性的解决。

三、"彻底外分"模式下执行监督机制的改革模式及评析

"彻底外分"模式，也即将执行权完全剥离于人民法院，交于公安、司法行政等机关行使的模式。① 这一模式在中国并无实践经验，但结合域外考察来看，相当数量的国家对这一制度已有规定。譬如：俄罗斯在其执行程序法第3条中就明确了归属于联邦司法部管理的司法警察是强制执行主体，而第5条则赋予了税务机关、银行及其他金融机构在特定情形下的执行权。同时，英国是以司法行政官与枢密大臣办公厅雇用的执达员为执行主体，② 美国则将此类主体称为联邦执行官或执法官。③ 此外，诸如瑞士、瑞典等国还设立了独立于法院的执行局作为执行活动主体。④

（一）"彻底外分"模式下执行监督机制的改革模式

考虑到在"彻底外分"模式下，受执行权行使主体的行政权属性及中国国家权力结构中行政权、审判权、检察权分置模式的影响，执行权及其相关活动将不可避免地由司法权属性转化为行政权属性。而对于执行监督机制的具体改革模式，则可分析如下：

一是在监督主体方面。随着执行权行使机关及其权能属性的转化，作为审判权主体的人民法院将难以对这一权能运作进行监督。执行权的内部监督主体将变更为实际行使执行权的行政机关及其内部管理机构，内部监督主体应当形成以不同级别的行政机关，以及行政机关内部执行实施与执行审查机关间相互监督的机制。而在外在监督主体方面，随着监察体系的改革，监察机关对行政

---

① 参见褚红军、刁海峰、朱嵘：《推动实行审判权与执行权相分离体制改革试点的思考》，载《法律适用》2015年第6期；郑金玉：《审执分离的模式选择及难题解决》，载《西部法学评论》2015年第5期。

② 其中，司法行政官执行高等法院的裁决，执达员则对应郡法院的裁决。参见沈达明、冀宗儒编著：《1999年英国〈民事诉讼法规则〉诠释》，中国法制出版社2005年版，第333页。

③ 参见[美]杰弗里·C.哈泽德、米歇尔·塔鲁伊：《美国民事诉讼法导论》，张茂译，中国政法大学出版社1998年版，第194页；杨奕：《民事执行体制改革研究》，清华大学出版社2013年版，第129—130页。

④ 转引自杨奕：《民事执行体制改革研究》，清华大学出版社2013年版，第127—128页；谭秋佳：《民事执行权配置、制约与监督的法律制度研究》，中国人民公安大学出版社2012年版，第126—127页；邱丹、李昙静：《民事执行权的性质及权力分配》，载《人民司法》2015年第5期。

执法活动的监督逐步实现常态化，①将这一机关增添至执行监督主体范围之列也是符合这一权能运作需要的。虽然部分国家仍以检察机关作为其执行监督的主体，②但考虑到检察机关及其检察权在中国国家权力结构中的地位，③这一内容设置并无较强的可借鉴性。④

二是在监督客体方面。由于"彻底外分"模式的实施带来的人民法院监督主体地位的丧失，诸如最高人民法院《关于全面深化人民法院改革的意见——人民法院第四个五年改革纲要（2014—2018）》《关于执行权合理配置和科学运行的若干意见》等文件已难以为执行监督范围的确定提供支持。诚然，在监察法等法律规范的内容补充下，这一执行监督客体范围的空缺可以得到相应的弥补。但如若就具体情况进行分析，可以发现，受制于司法监督机关这一定位的限制，除涉嫌刑事犯罪需追究责任的情形外，检察机关已难以对执行权的运作进行较为全面且完整的监督。换言之，就监督客体而言，检察机关将受到较为严重的压缩，乃至不具有对这一活动较为完整的监督权能。⑤由此来看，"彻底外分"模式下，应当更为注重扩宽监察机关、当事人对执行活动的监督范围，通过对行政诉讼法第12条等条款进行修改、增补等方式，保证外部监督主体的监督权能应覆盖执行实施行为与执行审查行为，以及执行行为、执行依据、执行结果与执行行为人，乃至严重违法的执行行为与较为轻微的不当执行行为。

三是在监督方式方面。如前文所述，既有执行监督机制具有较为明显的司法权属性，在执行权逐步变更为行政权属性的趋势下，此类监督方式势必发生

---

① 可参见监察法第12条。

② 譬如：俄罗斯民事诉讼法第428条就规定了检察长提出抗诉的权能。转引自赵绘宇、黄卓昊：《救济、分权与检察监督——构建我国民事执行的三重制约机制》，载《华东政法大学学报》2010年第3期。

③ 即检察权在地位上与行政权相平行且检察机关以法律监督为主要职责。

④ 而且，俄罗斯后期制定的执行程序法第90条中也取消了检察机关提出抗诉的权能。

⑤ 仅以最高人民法院、最高人民检察院《关于民事执行活动法律监督若干问题的规定》这一文件为例，可以发现，这一文件将检察机关执行监督的范围归纳为："（一）损害国家利益或者社会公共利益的；（二）执行人员在执行该案时有贪污受贿、徇私舞弊、枉法执行等违法行为、司法机关已经立案的；（三）造成重大社会影响的；（四）需要跟进监督的。"其中，第（一）、（三）、（四）类情形将因执行权权能属性的变动与文件效力的丧失而被隔绝于检察机关监督范畴之外。并且，根据本文第二部分中对于执行监督机制司法权属性的讨论可知，此类活动也不属于检察机关公益诉讼范围之内，检察机关对其难以行使监督权。此外，随着监察体制的改革及检察机关对职务犯罪直接受理权能的丧失，第二类情形也将难以为检察机关所监督。由此来看，若以最高人民法院、最高人民检察院《关于民事执行活动法律监督若干问题的规定》为视角，在四类情形均脱离于检察机关执行监督范围时，这一主体将如审判机关一般被完全排除于"彻底外分"模式推行下的执行监督活动之外。

较大的改变。具体来看，人民法院监督主体地位的丧失及相关执行工作文件适用的不能，将使得此类文件特有的发放廉政监督卡等监督方式难以为继。同时，受"彻底外分"模式下执行权行政权属性变更的影响，执行审查与执行实施工作都将趋于行政工作化。以民事案件为管辖内容的民事诉讼法也将被排除于此类工作的法律依据之外，而以这一法律规范为依托的执行异议之诉、案外人异议之诉，乃至以司法活动为主要适用对象的审判监督程序都将丧失其存在的合法性与合理性。因此，在"彻底外分"模式的推行下，除涉嫌违法犯罪理应受刑事追责的情形外，执行监督方式应当逐步变化为以围绕普通性问题向行政机关提出申诉、控告、监察建议等方式作为一般性监督措施，以及针对较为严重的行政活动提起行政诉讼，抑或是追究法律责任等方式作为法律性监督措施的整体构造。① 此外，适当扩充检察机关公益诉讼的范围，亦可协助特定人员权益维护等目标的实现。

四是在监督效力方面。与前述内容的讨论相似，在执行权的权能属性随着"彻底外分"模式的推行发生转化时，为避免监督效力完整性与全面性的丧失。应当以行政诉讼代替执行异议之诉、案外人异议之诉及审判监督程序，以执行活动为其效力实施对象。同时，除职务犯罪责任追究、纪律处分，以及权力机关对于公职人员职务的管理与控制等监督方式外，依托于监察法等法律规范的追责措施应取代司法责任制，并以执行行为人为其规范对象。② 进而在具体内容及依据发生变化的同时，保持执行监督效力方面对执行行为人与执行活动的兼顾。

此外，结合此类内容的讨论来看，为满足"彻底外分"审执分离模式的推行及其带来的执行监督机制法律适用范围的变化，对现有执行工作法律规范内容、体系进行修改的需求与任务负担也将进一步增加。

---

① 当然，此处并不包括人民代表大会及其常务委员会的监督方式，作为权力机关，人民代表大会及其常务委员会无论是对司法活动或是行政活动均享有依据《中华人民共和国宪法》第62、67、101与104条及《中华人民共和国各级人民代表大会常务委员会监督法》第5、9、44与45条的内容规定，通过对政府机关、司法机关工作报告的听取、审议，质询与询问，以及开展实际调查乃至提起撤职案等方式的采取进行监督的权力。

② 由于司法责任制主要以司法活动为适用环境，故在此难以为执行监督机制所采用。因此，结合监察法第45条中规定的谈话提醒、批评教育、责令检查、诫勉以及警告，记过、记大过、降级、撤职、开除等各类惩戒措施，并参照公务员法第57—65条中关于公务员惩戒措施的规定及其他行政法律规范的要求，从法律层面对执行行为人予以惩戒。具体法律惩戒措施以公务员法第62条规定的"警告、记过、记大过、降级、撤职、开除"为主，还可适当结合第64条中关于公务员升迁、工资的相关规定。

（二）对于"彻底外分"模式下执行监督机制改革模式的评析

虽然，相较于"深化内分"模式而言，"彻底外分"模式的推行将执行权完全划归于行政机关，在形式上实现了审执关系改革对执行权与审判权分置、制约的需求，对执行权的行政权属性给予了必要的关注。但这一模式的运作也有其难以忽视的缺陷：

一是在权能属性的适应方面。与"深化内分"模式相似，具有较为明显司法权属性的执行审查权，如若将其归属于行政机关来行使，缺乏法律依据与法理支撑。此类权能配置错位情形的出现，也会使得执行监督机制在各类内容的设置上趋于"行政权"化，而忽略执行审查权的司法权属性，势必造成这一机制在权能属性适应上的缺陷。①

二是在监督机制的设置方面。纵然，"彻底外分"模式的运作必然带来的检察机关执行监督地位丧失，仅从这一层面看，诸如检察机关监督工作负担过重或监督措施界限不清等问题将趋于消失。但也需注意到，在执行监督工作局势未有实质性变化，且执行监督机制权能属性适应仍旧存在缺陷的情况下，前述问题仅随着监察机关的参与而在主体层面发生变更，并未有实质性的解决。② 同时，对于"彻底外分"模式推行带来的原有执行监督方式的变更而言，虽然行政诉讼的存在于一定程度上填补了执行异议之诉因审判监督程序缺失带来的监督空白，但相较于关注执行行为的执行异议制度，案外人异议制度更多关注于对原有民事实体性裁判的监督，这一特征的存在使得此类制度具有较为明显的民事性。③ 其在现有的行政法律规范体系下仍缺乏较为明确、可取

---

① 譬如，行政监察机关等行政监督机构对执行审查事务的监督将造成行政权对司法权事务的干预，而作为法定司法监督主体的检察机关也将因行政权属性的限制而难以对此类活动进行监督，有悖于此类主体在执行监督工作中的应然定位。参见陶伯进、曹国华：《民事执行检察监督的法理基础与制度探索》，载《西南农业大学学报》2010年第6期。

② 由于"彻底外分"模式的推行仅限于对执行权归属的调整，并未直接减缓执行监督工作的负担，监察机关在执行实施、审查等活动中的参与仍面临着与检察机关相近的工作压力。并且，权能属性适应的缺陷还将使得此类机关的部分监督措施在适用上存在界限不清等情形，并未实质性缓解原有的执行监督问题。

③ 参见毋爱斌：《审执分离视角下案外人异议制度的变革》，载《中南大学学报》2017年第2期。

的替代模式。①

而且,结合相关法律条款内容可知,在现有监察体系中,监察机关仅具有提出监察建议与监察决定的权能,② 这与检察机关可行使的抗诉、检察建议、纠正违法通知、暂缓执行建议及现场监督等监督措施相比,不仅在数量上颇有不足,且部分措施适用的法理根据也存在差异。③ 可以说,此类状况的存在,既使得监督途径存在缺漏,也会导致部分主体对特定问题进行监督的不能,④进而影响监督效力的完整性与全面性,造成监督机制设置的不合理。⑤

三是在实际运作的效果方面。相较于法院而言,无论是公安、司法行政部门等行政机关既容易受制于"行政审批制""上令下从制度"等传统行政工作模式的制约,也不具有宪法与诉讼法赋予的相对独立地位,在效力发挥上,由其作为主体的内部监督机制较之"深化内分"模式更存有疑问。而前述情形的出现及检察机关监督地位的丧失,还有可能造成执行监督工作对"地方保护主义"等干扰因素抗拒的困难,减损了执行监督的实际效果。

综上来看,虽然"彻底外分"模式的运作,将带来审执权能配置与执行监督机制内容设置的转变。但不可否认,这一模式的实施不仅无助于对审执关系改革中审判、执行权能合理配置,以及执行监督机制改进与完善需要的满足,还将因为特定内容的缺乏引发新的问题,造成司法改革措施间相互配合的不能,乃至冲突等情形的发生,有悖于司法公正及司法改革整体推进等目标的要求。

四、"适当外分"模式下执行监督机制的改革模式及评析

不同于将执行权完全归属人民法院或行政机关的审执分离模式,以执行实

---

① 具体来看,行政复议法第 8 条的存在,使得利害关系人在面对行政机关作出的民事纠纷决断时,除诉讼外难以依托于一般性监督方式进行救济。这一状况的存在势必导致案外人异议制度的"异议"方式难以在现有的行政法律规范体系中寻得"生存空间",造成了这一制度部分适用方式的丧失与适用效力的减损。而行政复议法第 5 条中将行政复议列为最终裁决的内容设置,也将在一定程度上削减了利害关系人对执行活动监督的方式与范围。由此来看,案外人异议制度在现有的行政法律规范体系下无论是适用方式的综合性或是范围的完整性都将难以得到保障。
② 可见于监察法第 45 条。
③ 譬如,抗诉乃是民事诉讼法等法律规范赋予检察机关的监督措施,监察机关并不具有采用这一措施的法理依据,这一状况在监察制度的改革中也未有实质性变化。
④ 譬如,前述案外人异议制度替代措施的缺乏将使得此类主体监督途径、范围及其效力受限。
⑤ 除此处所谈及的内容外,诸如发放廉政监督卡、执行监督卡等监督方式将随其法律依据的消失而难以适用,在现有行政监督制度缺乏替代方式的情况下,此类缺漏也将有损于执行监督机制效用的发挥。

施权与执行审查权的区分为基础,"适当外分"模式将执行审查权归属于人民法院的职权范围,而执行实施权交于公安、司法行政等行政机关行使。① 采用这一模式的代表性国家包括有德国、日本与法国。其中,法国设置有执行法官与执行员两类执行主体,后者在地位上独立于法院。② 日本在其强制执行法第2、3条处规定了裁判所与执行官对执行权的承担。③ 而在德国,则以执行法院与执行官为主体,执行官虽以法院人员身份参与执行活动,但其并不等同于执行法院,而是在法院之外履行职责。④

(一)"适当外分"模式下执行监督机制的改革模式

结合前述内容的讨论,可以发现,虽然各国关于不同执行主体间具体权能的划分有所差异。⑤ 但在这一模式的推行下,鉴于各类权能归属主体类型及其在国家权力结构中定位的差异,执行权将呈现出行政权与司法权属性并存的特征。对于执行监督机制的具体改革模式,可分析如下:

一是在监督主体方面。受执行权权能双重属性的影响,在其监督机制的主体类型上也将表现出与前述模式相迥异的配置。具体来看,对于内部监督主体而言,由于执行实施权、执行审查权分别归属于行政机关和人民法院,因此,作为此类权能的实际行使主体,无论是本级、上级行政机关及其内部机构或是本级、上级人民法院及其内部机构均应当被视为执行监督机制的内部监督主体。同理,对于外部监督主体而言,由于执行审查权仍具有相当程度的司法权属性,作为司法监督机关的检察机关仍可列为外部监督主体,而执行实施权的

---

① 虽然也有部分研究将这一模式界定为"彻底外分",而将"适当外分"解释为民事执行与财产刑、行政非诉案件的分开执行。但考虑到本文内容衔接完整性与逻辑连贯性的需要。本文还是选择其他学者的观点将这一模式界定为"适当外分"模式。参见肖建国、黄忠顺:《论司法职权配置中的分离与协作原则——以审判权和执行权相分离为中心》,载《吉林大学社会科学学报》2015 年第 6 期;褚红军、刁海峰、朱嵘:《推动实行审判权与执行权相分离体制改革试点的思考》,载《法律适用》2015 年第 6 期;郑金玉:《审执分离的模式选择及难题解决》,载《西部法学评论》2015 年第 5 期。

② 参见张卫平、陈刚编著:《法国民事诉讼法导论》,中国政法大学出版社 1997 年版,第 303—304 页;谭秋桂:《民事执行权配置、制约与监督的法律制度研究》,中国人民公安大学出版社 2012 年版,第 124 页。

③ 参见谭秋桂:《民事执行权配置、制约与监督的法律制度研究》,中国人民公安大学出版社 2012 年版,第 125 页。

④ 参见谭秋桂:《民事执行权配置、制约与监督的法律制度研究》,中国人民公安大学出版社 2012 年版,第 125 页;杨奕:《民事执行体制改革研究》,清华大学出版社 2013 年版,第 128—129 页。

⑤ 譬如:德国是以执行对象的不同进行划分,执行官主要针对动产执行(可见德国民事诉讼法第 808 条),执行法院负责不动产执行(可见于德国民事诉讼法第 870 条)。而日本,则是以执行处分是由执行官或裁判所作出的进行区分(可见于德国民事诉讼法第 2、3 条)。参见杨奕:《民事执行体制改革研究》,清华大学出版社 2013 年版,第 129 页。

行政权属性的存在，也为监察机关的参与提供了必要的基础。由此观之，在"适当外分"模式的推行下，执行监督机制可形成以行政监督主体与司法监督主体为主，兼具权力机关、当事人等不同类型主体的格局搭配。此外，还可借鉴德国地区的经验，确立并加强执行实施机关与执行审查机关间的相互监督地位。①

二是在监督客体方面。诚然，不同于"彻底外分"模式，"适当外分"模式并未使行政机关、监察机关完全替代人民法院和检察机关的存在。但是，考虑到这一模式推行带来的权能划分，不同机关因其权力属性的影响在监督客体上应当存在一定的差异。作为执行实施权的行使机关，行政机关仅可针对执行工作的开展进行监督，而具有法定行政监督权的监察部门，在其监督客体上也应当限于执行实施权的运作范围。同理，人民法院与人民检察院也仅可针对执行审查权的行使进行监督，当然，如若涉嫌刑事犯罪且应受刑事追责的情形出现，检察机关仍可依据其现有的检察权能对整个执行活动进行监督。②

三是在监督方式方面。考虑到"适当外分"模式对执行权司法权属性的保留，原有执行监督机制的各类法律规范、文件及其相关的监督方式仍在执行审查权范围内具有可适用性。而随着执行实施权的行政权化及行政机关的参与，行政诉讼及以监察法第45条内容为主的行政监督方式也将成为执行监督机制的重要内容之一。仅由此看，考虑到"适当外分"模式的需要，监督方式可在保持既往一般性监督措施与法律性监督措施兼顾的同时，在具体内容设置上基于其双重权能属性的影响而趋于复杂化、精细化以及专门化。③ 并且，还可在借鉴相关域外经验的基础上，继续完善既有的案外人异议等制度，简化其程序与审查程度，促使既有监督方式效力的充分发挥。④ 此外，还应当注意到，由于执行实施活动的权能属性与监督方式的变更，民事诉讼法中以执行行

---

① 可见于德国民事诉讼法第764条与第766条。参见杨奕：《民事执行体制改革研究》，清华大学出版社2013年版，第129页。

② 对于执行监督的权能划分具体可参见下图。考虑到监察体制改革仍在进行而旧有诉讼法体系修改尚未完成，本文在此仅结合现阶段各机关间的权能配置进行讨论。同时，为了保证表述的完整性，在下图中以实线代表现有权能配置下执行监督权能划分的变化，而虚线则代表监察体制改革下的变化。

③ 在整体结构保持稳定的同时，行政权属性的监督方式与司法权属性的监督方式将依照其权能的差异在不同的执行活动中加以设置与适用，针对各类执行问题所涉及的权能性质、问题类型与轻重等因素配置以相匹配的监督方式，譬如，针对一般性的执行问题可采取具有行政权属性的监察建议以及司法权属性的检察建议、纠正违法通知等措施，对于较为严重的问题则可依托行政诉讼、案外人异议之诉等措施进行处置。由此看来，"适当外分"模式推行下执行监督措施的配置相较于"深化内分"与"彻底外分"模式仅依托某一类监督方式而言无疑更为复杂、精细与专门化。

④ 譬如，借鉴日本强制执行法第38条与德国民事诉讼法第771条等条款的规定，减少执行机关对此类异议前置审查的程度与幅度。

为作为适用对象的执行行为异议制度归于无效,行政诉讼将成为执行行为法律性监督方式的核心。

四是在监督效力方面。因前述监督主体、方式等机制特征的存在,执行监督机制的效力在"适当外分"模式下也应当具有相应的双重属性。具体来看,除职务犯罪责任追究、纪律处分,以及权力机关对职务的管理与控制等监督方式保持稳定外,以监察法第45条、公务员法第56条规定为主的行政追责措施和司法责任制的惩戒措施相互搭配,并将执行行为人作为其效力实施对象。而行政诉讼也应代替执行异议之诉,在其权能范围内,与案外人异议之诉、审判监督程序共同对执行活动进行规制。

同时,虽然"适当外分"模式的推行并未涉及对原有执行监督法律规范的全面修改,但根源于其权能分离与行政权及行政机关参与的需求,对民事诉讼法中执行异议之诉制度的内容,乃至各类行政法律规范进行修改亦是必要的。

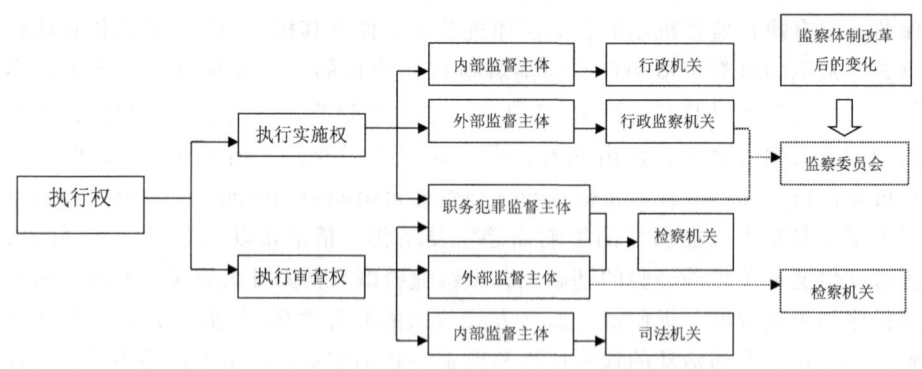

"适当外分"模式下执行监督机制的改革模式分析图

(二) 对于"适当外分"模式下执行监督机制改革模式的评析

正如对前两类模式推行下的执行监督机制改革路径、效果的讨论,无论是"深化内分"模式或是"彻底外分"模式,对于审执分离改革目标的达成或是执行监督机制效用的发挥方面均存在不足。相较之下,"适当外分"模式的推行具有较为明显的优势:

一是在权能属性的适应方面。应当看到,在"适当外分"模式运作下,执行实施权与执行审查权被分属于行政机关与审判机关行使,较好地满足了对此类权能的属性认定。并且,在这一权能属性配置模式的引导下,执行监督机制在其主体、客体、方式与效力等方面构建了兼具行政与司法二重属性的整体结构和运作模式，使得执行监督机制可实现执行活动与监督方式配置的针对化、区别化，较好地贴合了执行权的权能属性。

二是在监督机制的设置方面。结合前述"适当外分"模式下执行监督机制的权能配置可知，固然，既有民事诉讼法中的执行异议之诉将因执行实施权的外设而趋于消失，但行政监督方式及行政诉讼的增添较好地弥补了这一缺漏，保证了原有监督机制的完整性。[①]并且，随着行政机关，尤其是行政监察机关的参与，执行监督工作开展上形成兼具行政与司法监督、相互协作的监督格局。可以说，这一情形的出现在客观上减轻了检察机关的工作负担，并增加了执行监督措施，为执行监督的完整性与全面性提供了更为可取的保障。同时，将抗诉等措施限于执行审查活动，而将现场监督等措施赋予监察机关实施也在一定程度上促进了对此类监督方式界限的厘清与配置的合理化。[②]由此观之，"适当外分"模式的推行，将使得执行监督机制的设置在达至执行活动覆盖完整性的同时，避免了前述模式中执行权归属主体单一、监督渠道缺乏等因素导致监督措施采取的失当和缺漏。对于执行活动过程中出现的问题，如若仅为较为轻微问题，可根据性质的不同归属于行政机关与人民法院及其内部机构管辖；若涉及问题较为严重，也可合理地归属于检察机关与监察机关。同时，考虑到监察体制改革并未否认检察机关司法监督的权能，此处所谈及的搭配模式也可适用于监察体制改革后的监察委员会、检察机关执行监督工作的开展过程中。[③]相较之下，前两类模式将监督权能完全赋予一方的模式均存在缺陷，或有悖于监察委员会的权能配置（"彻底外分"模式），或引发其与检察机关间地位的冲突（"深化内分"模式）。

三是在实际运作的效果方面。不可否认，在"适当外分"模式的运作下，执行实施权的外设可能为"地方保护主义"等因素的干扰提供便利，而其与执行审查权归属主体的差异也未能完全实现审判权与执行权分置的目标。但随着司法机关人财物管理体制改革的推进，审判机关及其权能独立、中立的地位日趋得以明确，在此情形下，将执行审查权及其内部监督权能赋予法院，既可以确保在实际监督工作开展中排除"地方保护主义"等因素的干扰，也可通

[①] 在"适当内分"模式下，行政监督与行政诉讼主要以执行实施行为为适用对象，与旧有的执行异议之诉在适用对象、方式等方面较为相近。可以说，前者的参与可较好地弥补后者消失而带来的缺漏。

[②] 即"适当外分"模式将检察机关及其抗诉等监督方式限于执行审查活动中，而将现场监督等措施赋予监察机关，可以说，此类举措既贴合此类机关及其监督措施在权能适应上的需求，也避免了对某一主体监督工作负担配置的过重，为监督工作的开展提供了较为可取的路径选择。

[③] 具体可见上图虚线部分所示的内容。

过执行审查权与执行实施权之间的相互监督,推动监督效力的实质性与有效性,为后者提供必要且合理的制约。① 而且,将执行实施权及其监督权能赋予行政机关,可在依托行政机关自身优势的基础上,与各类主体相协调,通过各类渠道促进诸如现场监督等措施效用的实际、充分发挥。此外,"适当外分"模式下,检察机关监督地位的存在及其措施、职能范围的明确,对于执行监督工作的开展及对"地方保护主义"等干扰因素的排除也是有其积极意义的。可以想见,随着检察机关人财物管理体制改革的推进,无论在权能配置或是实际工作开展中,此类主体均可更为自主、客观、中立地履行自身监督职责,行使执行监督权,减少"地方保护主义"或内部干涉等因素对执行监督工作及执行活动造成的负面影响。

综上,有别于"深化内分"模式与"彻底外分"模式,"适当外分"模式在司法资源的投入或是操作的复杂化、精细化与专门化等方面都存在着较高的要求,也未能完全满足审执关系改革的目标。但是,"适当外分"模式的推行及附随的执行监督机制改革模式,不仅满足了执行权能配置的要求,也避免了新问题的出现,在内容设置、运作效果等方面较好地解决了既有的执行监督问题,促进了执行监督机制效用的合理发挥,有助于"执行乱"等传统执行活动问题的解决。此外,这一模式的推行还可推动执行监督机制建设与审执关系改革目标的衔接,进而实现二者间的相互协助,② 无论是在制度支持或是经验参考方面对于司法改革的整体推进均是有所裨益的。因此,以"适当外分"的执行监督机制改革模式为目标,以执行实施权与执行审查权分离为依据,构建起兼顾司法与行政二重结构的执行监督机制,更能符合现阶段执行活动实施与执行监督工作开展的需要。换言之,若以执行监督机制的改革与运作为视角,"适当外分"模式较之"深化内分"模式与"彻底外分"模式更为可取。考虑到我国的实际需要,可在法院内部建设以执行裁决机构负责对执行活动审查,在外则以司法行政机关为依托,设置专司实施活动的执行局与执行员,从而构建与落实中国的"审执分离"机制。

---

① 可以说,在这一模式下,不仅审判权与执行权,以及执行审查权与执行实施权间相互监督的目标将得以较好地落实,前者还可为后者排除"地方保护主义"等因素提供可取的助力,从而形成较为可取的监督格局。

② 也即在监督机制得以完善的同时,也在一定程度上推动了审执关系改革的实施,并为这一改革措施的选择与适用提供了较为可取的参考。

五、余论

孟德斯鸠曾言:"命运中的偶发事件不难补救;源自事物本性而接连不断地发生的事件则防不胜防。"① 作为执行监督机制的适用对象与权能属性来源的执行权,对这一机制的设置、运作及变革有着根本性的影响。因此,通过对审执分离改革下执行监督机制改革问题的研究,可以突破仅针对审执关系改革与执行监督制度完善进行单一讨论的视角,为执行监督机制的完善与审执分离改革模式的选择提出较为可取的建议。不难发现,这一立足于审执分离改革总体趋势与执行监督活动实际需要的讨论,对二者效用的合理、充分发挥有着不容忽视的积极作用。当然,本文并非对其他关于审执关系改革或执行监督制度研究与实践的否定,相反,本文也存在一定的不足。② 应当承认,受现阶段司法资源有限性的制约与对司法权威稳定性的需求,在具体的改革操作上势必需要进行更深层次的探讨。而监察体制改革的提出与推进,也将带来执行监督机制在不同层面的变革,对此类问题进行研究乃是执行监督机制存续及其效用发挥的应有之义。然这并非本文的研究重点,在此未充分展开。

同时,结合现阶段的相关资料看,为了达到优化司法职权配置,推动侦查权、审判权、检察权与执行权合理、正当运作的目的,在遵循法治建设与司法改革总体目标的前提下,司法机关先后开展了各类司法体制改革的理论与实践尝试,诸如大部制改革、司法责任制改革以及"智慧法院"等制度的提出与推行,无不对既往的司法体制造成了影响乃至变革。可以说,此类改革从司法机关、司法活动及司法工作机制等方面为司法体制的改革与发展提供了可取的指引与参考。但也应当看到,改革并非独立、同步化的改革,各类针对司法机关的改革均或多或少地存在重合。③ 如何避免此类状况的出现对改革措施的效力发挥造成干扰,甚至减损其应有的效力,保证此类改革在顺利实现自身目标与贴合司法改革整体趋势间保持平衡,是司法改革所不能忽视的重要问题。

因此,通过对审执分离改革下执行监督机制改革问题的探讨,在对二者的

---

① 参见[法]孟德斯鸠:《论法的精神》,许明龙译,商务印书馆2015年版,第175页。
② 譬如:本文对于审执分离改革模式选择的探讨仅以执行监督机制效用的发挥,以及其与审执关系改革目标的契合与否为主要标准,而未能对此类模式实施中的工作复杂程度与成本消耗给予过多的关注。
③ 除本文讨论的审执分离改革与执行监督机制外,诸如"两法衔接"机制与社区检察制度,司法责任制与员额制,或是巡回法庭与跨行政区划的人民法院制度在跨区域案件的受理方面均存在一定的重合。

存在与发展进行研究与探索的同时，还可以对司法改革中不同改革措施间的协调、协助以及相互促进等机制构建的可能性、具体方法进行研究，促使各类改革措施在发挥自身效用与促进其他措施实施间实现兼顾，最终达到"1+1>2"的改革效用，推动整体司法体制改革与完善目标的实现。

（责任编辑　赵芳露、张子晴）

"程序性行政行为"的体系扰动及排除

——以最高人民法院指导案例 69 号为讨论对象

刘洪阳*

摘 要: "行政行为"是判断行政诉讼受案范围的核心概念。最高人民法院在讨论指导案例 69 号涉及工伤认定过程中作出的《工伤认定时限中止通知书》是否可诉时,选择了引入实定法上尚不存在的"程序性行政行为"概念加以判断,但这会产生模糊"行政行为"的内涵、扰乱既有司法审查思路、不当限制通说发展等问题。实际上,经过"立法—学说—判例"的互动发展,"行政行为"概念已成为判断受案范围的核心装置。经检验发现,借助行政行为法律效果要件可以清晰地判断出《工伤认定时限中止通知书》的可诉性,故引入新的"程序性行政行为"概念确无必要。同时,法院归纳出的"实际影响权利义务"和"无最终行政行为"双重判断标准并未突破既有体系,两者分别对应着体系上的行政行为效果要件和"狭义诉的利益"部分。另外,本案以撤销之诉为审查路径,将产生行为性质论证负担过重、例外规则创设冗杂的问题,而履行职责之诉或可成为优选路径。

关键词: 受案范围 行政行为 程序性行政行为 指导案例 69 号

一、问题的提出

"法院能够受理哪些案件,是行政诉讼的一个基本问题。它不但关系到原告能否通过诉讼程序获得救济,也涉及法院对行政行为的审查范围。"[①] 我国

---

* 刘洪阳,华东政法大学法律学院 2019 级硕士研究生。
① 何海波:《行政诉讼受案范围:一页司法权的实践史》,载《北大法律评论》2001 年第 2 期。

立法经历了从"具体行政行为"到"行政行为"的概念演变，学术界对受案范围展开的集中讨论影响着立法进程，司法裁判也展现出对"行政行为"的解释及对学说观点作为判断工具选择性使用。立法、学说与判例三者共同推动着"行政行为"成为界分行政诉讼受案范围的核心概念。这一通说的确立能够为法官审查受案范围时提供解释目标，只需判断争议行为是否属于行政行为或者具备相似的性质，由此可以有效减少我国目前因法律适用不确定、裁判规则不一所造成的"同案不同判"现象发生。①

在传统的行政诉讼理论和司法实践中，出于防止行政程序被滥用进而造成不当拖延的考虑，行政机关在作出行政行为过程中产生的"中间活动"② 并不具有可诉性，而是"在针对最终处理决定提起的诉讼中可以对程序活动的合法性一并进行审查"③。但此类行为也存有例外情况，最高人民法院指导案例69号——王明德诉乐山市人力资源和社会保障局工伤认定案（以下简称指导案例69号）便涉及人力资源和社会保障局（以下简称人社局）在工伤认定过程中作出的《工伤认定时限中止通知》（以下简称《中止通知》）是否应纳入受案范围的问题。

为了解决可诉性问题，法院引入"程序性行政行为"概念，并依本案情况提出"实际影响权利义务"和"无最终行政行为"的双重判断要件。然而，若想实现通说机制有效运作，法院首先需要在既有体系下做法解释作业，在法教义学向度上使用和发展通说。④ 除非存在既有体系难以涵盖的新问题，需法院做"法律漏洞"的填补工作，否则无突破通说的必要。若未详加论证，就绕开通说而引入实定法上尚未存在的概念，则会对既有体系产生没有意义的扰动，进而增添法院论证负担。

目前，对指导案例69号的相关研究，多集中于对《中止通知》此类行为可诉标准的整理与重构上，而贸然引入新概念对通说产生体系扰动的问题尚未

---

① 参见黄卉：《论法学通说（又名：法条主义者宣言）》，载《北大法律评论》2011年第2期。
② 这一类中间活动主要是指行政行为作出之前的过程行为，学理上的称呼并不统一，2018年最高人民法院《关于适用〈中华人民共和国行政诉讼法〉的解释》中明文列出"过程性行为"概念，本文也将此类行为称为"过程性行为"；另外，本文涉及对引入"程序性行政行为"概念对通说产生影响的分析，为保持讨论对象的清晰性，文中出现的"程序性行政行为"仅为指导案例69号中使用的概念。
③ 龙非：《德国行政诉讼中内部行为、程序行为的可诉性——管窥司法审查的边界》，载《行政法学研究》2018年第2期。
④ 参见黄卉：《论法学通说（又名：法条主义者宣言）》，载《北大法律评论》2011年第2期。

得到充分关注。① 故本文拟以指导案例 69 号为讨论对象，分析在已存在受案范围通说的前提下，法院引入"程序性行政行为"概念所可能产生的不利影响，并尝试在既有体系下重新思考本案受案范围的认定标准问题。

二、"程序性行政行为"的引入：指导案例 69 号裁判评析

（一）案情概要及争议焦点

1. 基本案情

峨眉山市交管部门在对原告王明德之子王雷兵交通事故死亡调查中，发现其驾驶摩托车倒地翻覆的原因无法查清，遂依据《道路交通事故处理程序规定》第 50 条"道路交通事故成因无法查清的，公安机关交通管理部门应当出具道路交通事故证明"的规定出具了《道路交通事故证明》。

第三人王雷兵所在的公司向被告乐山市人社局申请工伤认定，被告认为申请材料中的《道路交通事故证明》并无后续认定工伤所必需的事故责任划分内容，依据《工伤保险条例》第 20 条第 3 款的规定"作出工伤认定决定需要以司法机关或者有关行政主管部门的结论为依据的，在司法机关或者有关行政主管部门尚未作出结论期间，作出工伤认定决定的时限中止"，遂以申请材料欠缺为由，向原告及第三人作出并送达了《中止通知》。待交管部门重新出具载明道路交通责任划分的《交通事故认定书》后，再重启工伤认定工作。② 而交管部门认为依据现有的证据，几无可能重新作出《交通事故认定书》。原告多次提交恢复工伤认定的申请未果后，向法院提起行政诉讼请求判决撤销《中止通知》。

2. 争议焦点

在工伤认定过程中，交管部门无法查明事故原因故只能作出《道路交通事故证明》，被告以缺少《交通事故认定书》为由作出《中止通知》，并一再拒绝原告多次提出的恢复认定申请，导致原告的合法权益长期乃至永久得不到

---

① 指导案例 69 号的已有研究中，关切点集中在过程性行为例外可诉标准的建构上，具有代表性的文章有刘行：《行政程序中间行为可诉性标准探讨——结合最高法院第 69 号指导案例的分析》，载《行政法学研究》2018 年第 2 期；宋烁：《论程序行政行为的可诉标准》，载《行政法学研究》2018 年第 4 期。

② 需要说明的是，《道路交通事故证明》与《交通事故认定书》均属于交管部门在交通事故认定中作出的材料，两者区别在于是否能查明事故原因进而作出责任划分，《道路交通事故证明》在事故无法查明时作出；而《交通事故认定书》在是已查明原因且能划分责任时作出。

依法救济，原告请求撤销《中止通知》是否属于行政诉讼受案范围。

（二）法院裁判内容及思路

1. 裁判内容

四川省乐山市市中区人民法院经审理认为《道路交通事故证明》和《交通事故认定书》均是交管部门依据《道路交通事故处理程序规定》就事故作出的结论，即为《工伤保险条例》规定的工伤认定所需的"司法机关或者有关行政主管部门的结论"，被告错误地适用了法律。① 被告作出的《中止通知》虽属工伤认定程序中的程序性行政行为，但对相对人的权利义务产生了实际影响，并且无法通过提起针对实体性行政行为的诉讼获得救济。此时相对人以《中止通知》为对象提起行政诉讼的，属于人民法院行政诉讼受案范围。

2. 法院裁判思路

法院在裁判理由中提出了"程序性行政行为—实体性行政行为"这一对概念，认为若程序性行政行为不涉及终局性问题，对相对人的权利义务没有实质影响，则属于不成熟的行政行为，进而不具有可诉性。反之，若具备了成熟性且无法通过针对相关的实体性行政决定提起诉讼获得救济，程序性行政行为也具备了可诉性。"受到司法成熟性原则以及程序性行政行为不直接涉及相对人权利义务观念的影响，一般认为只有在后续实体性行政行为的阶段，相对人才可以针对后续实体性行政行为提起行政诉讼。"② 或许正是基于这一考虑，法院审查后认为，《中止通知》作出，实体的认定必然付之阙如。故被告作出《中止通知》必然导致原告的合法权益长期乃至永久得不到司法救济，程序上的终止实际侵害了原告获得工伤认定的合法权益，亦即对其权利义务产生实质影响，并且原告也无法通过对相关实体性行政行为提起诉讼以获得救济。

作出裁判时实定法上未规定此类行为可诉与否，通常情况下《中止通知》是在行政活动尚未达到最后阶段前作出的，对当事人权利义务没有带来终局性的影响，司法介入的时机尚不成熟。此外，若不在中间阶段给予当事人以提起诉讼的资格，则难以进行救济，对于那些因行政活动而受到实质性不利影响的

---

① 依据《工伤保险条例》第 14 规定："职工有下列情形之一的，应当认定为工伤：……（六）在上下班途中，受到非本人主要责任的交通事故或者城市轨道交通、客运轮渡、火车事故伤害的。"所以在工伤认定过程中人社局需要明确是否属于"非本人主要责任"的交通事故。本案被告之所以会产生前者不属于"司法机关或者有关行政主管部门的结论"的错误认识，或与《道路交通事故证明》并不载明责任划分的情况有关。

② 豆晓红、李兵：《〈王明德诉乐山市人力资源和社会保障局工伤认定案〉的理解与参照——程序性行政行为的可诉性问题》，载《人民司法》2018 年第 2 期。

当事人，确需要采取一定的形式以确保其就行为的违法性提起行政诉讼道路的畅通。① 基于本案的特殊情形，法院最终选择另辟蹊径——引入实定法上尚不存在、学理上有所研究的"程序性行政行为"概念，并直接将《中止通知》认定为程序性行政行为。同时认为若该行为符合本案提取出的双重可诉标准，则属于行政诉讼的受案范围。

三、"程序性行政行为"的体系扰动

从实际解决行政争议的效果来看，法院受理原告针对《中止通知》提起的撤销诉讼以便予以行政救济权，这种选择值得肯定。法院引入"程序性行政行为"这一工具概念的目的是实质解决行政纠纷，却也带来了扰乱既有体系等一系列衍生问题。

（一）引发概念内涵冲突

"程序性行政行为"并非我国实定法上的法律概念，审判活动中也尚未就其形成统一的识别标准。本案依据是否终局、是否对权利义务产生实际影响将"行政行为"二分为"程序性行政行为—实体性行政行为"，"程序性行政行为"作为"行政行为"的下位概念而加以使用。法院选择使用这一对概念可能是受到学理上的认识影响，"程序性行政行为"较早见于《行政法学教程》一书，"其与实体性行政行为相对应，是依照行政行为是否对行政相对人的权利义务直接产生法律效果所做的分类"②。后有法官将其内涵加以明确，"行政主体在处理行政事务过程中，运用程序职权职责处分行政相对人的程序权利义务，从而间接影响相对人实体权益的公法行为"③。由此可见，对于相对人的实体权利义务产生的影响仅是间接的，"程序性行政行为"的核心区别是其并不产生直接的法律效果，即不直接设定、变更、消灭或确认权利义务。因属于2018年最高人民法院《关于适用〈中华人民共和国行政诉讼法〉的解释》（以下简称《行诉解释》）第1条所列举的"对公民、法人或者其他组织权利义务不产生实际影响的行为"的内容，故当然被排除在受案范围外。

而关于"（具体）行政行为"的内涵，最高人民法院《关于贯彻执行

---

① 参见［日］原田尚彦：《诉的利益》，石龙潭译，中国政法大学出版社2014年版，第14页、第15页。
② 应松年：《行政法学教程》，中国政法大学出版社1988年版，第195页。
③ 杨科雄：《试论程序性行政行为》，载《法律适用》2010年第8期。

《中华人民共和国行政诉讼法》若干问题的意见（试行）》曾给出过定义："行使行政职权，针对特定的公民、法人或者其他组织，就特定具体事项作出的有关该公民、法人或者其他组织权利义务的单方行为。"从比较法视角来看，这一定义与德国学者奥托·迈耶对传统行政行为的定义基本一致，即"行政行为行政机关对具体事实做出的具有直接外部法律效果的处理行为"[①]。虽然我国之后的司法解释修改将"具体行政行为"概念从实定法中删除，但行政行为本身是一种产生直接法律效果的行为并无异议。

有些学者将不具备直接法律效果的"程序性行政行为"作为"行政行为"的下位概念处理，但传统理论认为产生直接法律效果是"行政行为"的构成要件之一，诉讼层面不直接对相对人权利义务产生实际影响的行为根本就不属于行政行为。那么悖论由此产生，在"行政行为"前冠之以"程序性"限定性词语后，学理上被认为是下位概念的"程序性行政行为"却不具备其上位概念"行政行为"的构成要件，逻辑上的龃龉势必导致对这一概念使用的疑虑。就指导案例69号而言，能对相对人权利义务产生实际影响的是最终的工伤认定决定，《中止通知》仅是作出工伤认定过程中的一个环节，由于缺乏直接法律效果这一核心要件，所以其本身不可能是"行政行为"。

出现这种困境的原因在于"程序性行政行为"将两个的不同层面的"行政行为"概念糅杂在了一起：学理上采用了概念更广的"行政行为"，其外延甚至扩展到了行政诉讼法第13条明确排除出受案范围的国家行为、制定行政规范行为、内部行为等。虽然它们都属于行政诉讼法第2条规定的"行政行为"范畴，但考虑到行政审判的现实能力有限，并不将其归入受案范围。[②] 这种观点将第2条解释为一种实体法层面的行政行为，类似于德国法中一般概念的"行政活动"；而作为受案范围判断标准的"行政行为"，则是基于保护相对人合法权益目的而使用的诉讼法层面概念，其内涵与最高人民法院《关于贯彻执行〈中华人民共和国行政诉讼法〉若干问题的意见（试行）》曾给出过的"具体行政行为"定义相当。比较发现，以上提出"程序性行政行为"的学者使用了内涵较为宽泛的"行政行为"概念，并未有意识地区分"行政行为"与"行政活动"的异同，使得通说界定出的"行政行为"概念被稀释。

（二）导致审查思路紊乱

概念使用上存在的学理争鸣，也会间接影响到法官的裁判思路。本案法院

---

① ［德］哈特穆特·毛雷尔：《行政法学总论》，高家伟译，法律出版社2000年版，第182页。
② 参见江必新主编：《中华人民共和国行政诉讼法及司法解释条文理解与适用》，人民法院出版社2015年版，第82页、第102页。

引入"程序性行政行为"概念后进行了两个步骤的审查。裁判文本提出:"当事人认为行政机关作出的程序性行政行为侵犯其人身权、财产权等合法权益,对其权利义务产生明显的实际影响,且无法通过提起针对相关的实体性行政行为的诉讼获得救济。"首先需要判断涉案行为是否属于程序性行政行为,如果属于则进入第二步的审查,即是否存在例外可诉的情形。遗憾的是,在第一步判断过程中,裁判要点缺失了从《中止通知》到"程序性行政行为"概念的涵摄过程,而是直接将其作为讨论的逻辑起点展开后续的论证。通过对全文的审视可以发现,法院在"裁判要点"部分表述为"程序性行政行为",而在"裁判理由"中却使用"程序性行为"概念,这种概念使用的随意性也为其他法院参照本案增加了难度。当然,这也可以说明法院的论述重点不在"程序性行政行为"的识别上,而是落在例外可诉标准的提炼与归纳部分。

不可忽视的是,作为最高人民法院作出的指导案例"并非是必须通过诉讼解决的个案问题,而是面向未来建立今后适用于同类案件的规范。因此,指导性案例形成的过程属于最高人民法院为了实现同案同判目的而进行决策的过程"①。最高人民法院在本案审理中引入"程序性行政行为"这一不确定性概念后却未进行解释,将会使得下级法院在"参照"适用时缺少必要的指引,以至于下级法院审理类似案件时,可能仅关注行为形式而忽略实质的内容指向,并将"程序性行政行为"作为排除司法审查的"免诉金牌",从而陷入机械裁判的境地②。

其实,既有的司法裁判业已确立了一种判断受案范围的思路,即法院并不过分关注审查对象所具备的外在形式,而是注重审查行为的实质内容。当认为符合"行政行为"的基本要件时,可以认定其具备可诉性,进而将其纳入行政诉讼的受案范围。③ 审查时聚焦于行为是否属于行政行为或者具备与之相应的性质,法院在判断受案范围时的工作是对涉案行为与行政行为进行比较涵摄,在法释义学层面对"行政行为"展开解释。

(三)影响通说体系发展

虽然上述两点影响可在司法判断中加以消解,但贸然引入新的概念对通说产生的体系扰动却影响深远,而且难以弥合。不过值得一提的是,学理层面对"行政行为"内涵进行的积极探讨有益于丰富司法实践的认识,而且也会使得

---

① 朱芒:《论指导性案例的内容构成》,载《中国社会科学》2017年第4期。
② 参见王天华:《案例指导制度的行政法意义》,载《清华法学》2016年第4期。
③ 参见陈越峰:《中国行政法(释义)学的本土生成》,载《清华法学》2015年第1期。

行政行为内涵变得更为清晰。

换句话讲，引入新概念无可厚非，但在当前通说无明显不足时，引入"新概念"则可能徒增体系冗余。有学者在对德国法体系引介的过程中认为："通说的支配性不是表现在少数意见必然改变立场以附和多数意见，而是在于当他使用少数意见作为解决具体法律问题的方案或者裁判理由时，需要承担更多的论证工作。"① 在存在通说的情况下，法院并未论证待决案件是否属于适用通说所不能解决的问题，而采取引入实定法尚不存在的新概念，这将影响通说的充分发展。

此外，在对概念用语的选择上，可以看出最高人民法院有意规避与行政行为概念产生混淆的可能。例如，2018 年《行诉解释》排除受案范围的列举款项中"行政机关为作出行政行为而实施的准备、论证、研究、层报、咨询等过程性行为"的表述。司法实践中法院多坚持从实定法出发，主张应该最大限度地尊重法律规定，"程序性行政行为"与过程性行为的外延存在适用空间上的重叠，因此，法院在认定此类行为时也更加倾向于使用明文规定的"过程性行为"概念。当立法者选择"行政行为"和"过程性行为"作为实定法上的概念时，若再使用学术讨论阶段产生的概念来解决既有通说即可涵盖的问题，势必对下级法院如何运用通说进行类案裁判产生负面的影响。

四、过程性行为例外可诉标准的体系检视

就本案而言，采取通说的解释体系能够完成本案的受案范围审查与判断问题。同时，法院提出的双重判断标准，需要在既有的"行政行为"判断体系下进行检视，故首先有必要对受案范围判断标准的发展进行梳理，从而考察通说能否有效解决本案行为可诉性的判断问题。

（一）"行政行为"作为受案范围判断标准的发展

1989 年行政诉讼法中受案范围是以"具体行政行为"为中心形成的概括加列举方式所确定，行政机关的活动方式是否为涉及公民人身权、财产权的"具体行政行为"，成为界定行政诉讼受案范围的标准。

2014 年修法完成从"具体行政行为"到"行政行为"的转变，有学者担忧在行政行为作为受案范围判断标准的前提下，"法定行政行为的泛化将导致

---

① 参见黄卉：《论法学通说（又名：法条主义者宣言）》，载《北大法律评论》2011 年第 2 期。

作为学术用语的行政行为的含义进一步稀薄，行政行为这一概念存在被虚置的可能"。① 宽泛的外延和模糊的内涵将导致概念丧失其应有的判断能力，难以承担起精细化行政审判的需求，此时便产生扩大概念内涵甚至以其他概念取代"行政行为"的呼声。② 删除"具体"两字产生的实质意义，需要进一步对司法实践进行观察，行政行为内涵并未如立法预设的那样超越"具体行政行为"过分扩大。面对新兴行为确需作出回应，但在对传统行政活动的可诉性审查中，"行政行为"仍然扮演着受案范围的"过滤装置"角色，在司法实践与学术研究中形成了一定的路径依赖，抛弃这一概念意味着要付出重新寻求路径的代价。

我国司法实践多将行政诉讼受案范围理解为界定行政行为与非行政行为。最高人民法院裁判中对于受案范围的判断，逐渐形成"只要具备行政行为性质即可诉"的解释进路，而不再囿于行为形式上的界分。例如，公报案例"吉德仁等诉盐城市人民政府行政决定案"没有停留在会议纪要的形式上，而是审查其内容是否对相对人直接设定了权利义务，最终认为其产生了直接的法律效果而具有可诉性。③ 指导案例 22 号"魏永高、陈守志诉来安县人民政府收回土地使用权批复案"运用得更加纯熟，最高人民法院将地方人民政府对其所属行政管理部门的请示作出的批复认定为具有可诉性，其理由是"行政管理部门直接将该批复付诸实施并对行政相对人的权利义务产生了实际影响"。④ 随着相关案例的丰富，这一审理思路日臻成熟，"法院抛弃了形式性的学说框架，直接面对法律概念进行认定标准的建构，采用的是一种实质主义的解释框架"。⑤

"立法—学说—判例"的互动发展，致使"行政行为"成为受案范围界定标准的通说确立。当然，对于那些行政机关行为不具备"行政行为"外在形式但确需给予相对人救济的例外情形，则以创设例外规则的方式予以解决。"在 20 世纪末开始的一系列行政诉讼案件中，越是疑难案件，判决越是没有纠缠于被诉行政行为是否符合行政诉讼法所列具体事项，而是直接关注其一般

---

① 闫尔宝：《论作为行政诉讼法基础概念的"行政行为"》，载《华东政法大学学报》2015 年第 2 期。

② 详见王万华：《新行政诉讼法中"行政行为"辨析——兼论我国应加快制定行政程序法》，载《国家检察官学院学报》2015 年第 4 期。

③ 参见《最高人民法院公报》2003 年第 4 期。

④ 参见石磊：《指导案例 22 号〈魏永高、陈守志诉来安县人民政府收回土地使用权批复案〉的理解与参照——内部行政行为外部化具有可诉性》，载《中国法律评论》2014 年第 1 期。

⑤ 陈越峰：《中国行政法（释义）学的本土生成》，载《清华法学》2015 年第 1 期。

效果。"① 这种从关注行为的外在形式到实际效果的司法转向，也进一步说明引入"过程性行政行为"概念的实践效用微弱。

（二）过程性行为例外可诉标准的体系定位

"行政行为"成为受案范围界定标准的通说业已确立，即行政主体所作行为如果属于"行政行为"，则可将其纳入行政诉讼的受案范围。进一步而言，指导案例69号所提出的"实际影响权利义务"和"无最终行政行为"的标准，是否能够被通说体系所涵盖需要逐一检视。另外，学界对于上述两个标准的关系也存在分歧，即只要原告的"权利义务产生明显的实际影响"，就具备了终局性而可诉；但法院在其后加以限定条件，认为"且无法通过提起针对相关的实体性行政行为的诉讼获得救济"时，程序性行政行为才具有可诉性。②

1. "实际影响权利义务"标准

对于过程性行为何种条件下可以受理，首先需要清楚为何将其排除在受案范围之外，这一点可以从"行政行为"概念的辨析与涵摄入手。过程性行为与行政行为的区别在于后者产生直接的法律效果，所以过程性行为可诉性判断核心为是否具备直接的法律效果，即行政主体作出的一个行为到底有没有在设定、变更、消灭或确认相对人的权利义务。

日本法中作为行政处分基准之一的"法律效果"，发挥着保证"法律上的纠纷性"和"纠纷的成熟性"的功能。③ 其中"纠纷的成熟性"在我国行政诉讼法中表现为"权利义务产生实际影响"，确定是否对权利义务产生实际影响的方向是"回到法律规范的规定以及根据法律规范所进行的推理"来判断。④ 日本法对"行政处分"的判断依据更加宽泛，即使被认定为不属于行政行为的范畴，但着眼于行政决定所直接依据的行政法律规范，或者拓展到与其目的共通的相关规定或者其他法律所规定的制度与该依据的关联性来进行判断，最终认定具有处分性。⑤

本案中被告作出的《中止通知》实际导致工伤认定决定无法最终产生，

---

① 朱芒：《概括主义的行政诉讼"受案范围"——一种法解释路径的备忘录》，载《华东政法大学学报》2015年第6期。
② 参见刘行：《行政程序中间行为可诉性标准探讨——结合最高法院第69号指导案例的分析》，载《行政法学研究》2018年第2期。
③ 参见王天华：《行政诉讼的构造：日本行政诉讼法研究》，法律出版社2010年版，第44页。
④ 叶必丰：《行政行为原理》，商务印书馆2019年版，第199页。
⑤ 参见王天华：《行政诉讼的构造：日本行政诉讼法研究》，法律出版社2010年版，第47页。

作为被告行为依据的《工伤保险条例》的立法目的是赋予申请人获得工伤认定的权益,①无法作出工伤认定对原告产生了法规范上的效果。

2. "无最终行政行为"标准

传统行政行为学理关注于行政决定作出过程中的最终产品——行政行为,作为适法性考察的基本单元,无法关照到现代行政的动态性和程序性。② 在诉讼层面,过程性行为并非一律不可诉,当前阶段行为已经确定权利义务且无最终行政行为产生,法律效果将直接通过过程性行为作用于相对人,从而具备了与行政行为类似的性质,指导案例69号就属于此种情形。

我国2010年颁布的最高人民法院《关于审理行政许可案件若干问题的规定》第3条规定了过程性例外可诉的情形,"公民、法人或者其他组织仅就行政许可过程中的告知补正申请材料、听证等通知行为提起行政诉讼的,人民法院不予受理,但导致许可程序对上述主体事实上终止的除外"。通知行为可能具有事实上的最终性,从而影响行政相对人的合法权益,若坚持至行政机关作出最终决定后再起诉,则致使司法救济丧失有利时机。③ 当最终行政行为不能作出时,或许可以更清晰地认定过程性行为是否产生实际影响。即使存在最终的行政行为,也不必然意味着前一行为被排除出受案范围。以日本富有代表意义的富山行政指导案为例,"尽管中止劝告属于行政指导,但根据当时《医疗法》等法规的规定及实际的运用情况来看,如不服从劝告,几乎可以断定无法获得医疗保险适用机关的指定。因此主张,应该在劝告阶段提供救济,从而承认了行政指导具有行政处分性"④。通过上述分析,指导案例69号确立的过程性行为例外可诉判断标准并未超出既有通说体系下的认识,可以在"行政行为"概念下予以恰当定位。

五、余论

本案法院为确定受案范围而引入"程序性行政行为"概念,将会模糊"行政行为"内涵、扰乱既有审查思路、不当限制通说发展,进而对通说体系产生无意义的扰动。运用"立法—学说—判例"所确立的"行政行为"概念

---

① 《工伤保险条例》第1条规定:"为了保障因工作遭受事故伤害或者患职业病的职工获得医疗救治和经济补偿,促进工伤预防和职业康复,分散用人单位的工伤风险,制定本条例。"

② 参见赵宏:《法律关系取代行政行为的可能与困局》,载《法学家》2015年第3期。

③ 参见赵大光、杨临萍、王振宇:《〈关于审理行政许可案件若干问题的规定〉的理解和适用》,载《人民法院报》2010年1月6日。

④ 王天华:《行政诉讼的构造:日本行政诉讼法研究》,法律出版社2010年版,第53页。

可以清晰地判断出《中止通知》的可诉性。而且本案所归纳出的"实际影响权利义务"和"无最终行政行为"双重判断标准并未突破既有体系，故引入新的"程序性行政行为"概念并无必要。

　　造成本案困境的原因不仅在于新概念的不当引用，还在于法院未根据案情实际选择恰当的诉讼类型。鉴于案中原告的诉讼请求为撤销《中止通知》，加之撤销诉讼一直居于行政诉讼类型的核心，法院对于行政上的纠纷倾向于通过撤销之诉途径予以解决。但不难发现，本案被告实际上也构成程序上的不作为，在适用"行政行为"概念以确定过程性行为的可诉性之外，法院还可导入履行职责之诉进行审查。此时的判断重点转化为行政机关是否具有且履行了法定职责，以及是否存在拒绝履行法定职责的抗辩情形。若直接提起履行职责之诉则无须运用通说与例外规则的方式思考，这将会减轻上文对行为性质相对繁琐的论证，亦能避免"程序空转"，进而有助于行政争议的实质性化解。由此可见，最高人民法院指导案例 69 号还隐含着推动诉讼类型化发展的潜在价值，或许比案例本身提供的裁判规则更富有建构意义，这有待今后深入研究。

（责任编辑　胡珍）

域外证据适用外法域法的必要性与可行性研究

——以 1500 份涉域外证据案例为样本

马自强[*]

摘　要：基于现行民事诉讼法第 4 条的规定，国内法院在涉外民事诉讼中绝对地排除了外法域诉讼规则的适用。然而，诸多涉外案件的司法实践表明，如果国内法院在涉外民事诉讼中绝对地排除外法域证据规则的适用，既不利于对我国证据规则体系的厘清，也不利于我国与国际法治体系的衔接。对我国有关涉外证据的司法实践考察表明，我国有必要引入证据冲突法理论，为国内法院审理涉域外证据案件的审理思路提供理论指导。孕育于各自国家的证据规则，往往最符合也最能体现一国法院在处理本国的民事法律关系争议时所维护的正义。当发生在本国的民事法律关系形成相应的证据，而这样的证据又成为他国法院中的域外证据时，如果他国法院绝对地排除外法域证据规则的适用，其将不利于对案件法律关系的查明，进而不利于对诉讼公平的维护。因此，在域外证据适用外法域法的问题上，我国法院应当在一些特定的证据问题上明确拥有适用外法域证据规则的权力，域外证据适用外法域法具有其必要性和可行性，也是我国司法维护诉讼公平正义的一种体现和保证。

关键词：域外证据　外法域法适用　必要性　可行性

引　言

长期以来，我国法院在涉外民事诉讼的司法实践中存在这样一种证据认定

---

[*] 马自强，复旦大学法学院 2021 级硕士研究生。

方式——在对外法域判决中的案件事实加以认定时,仅将外法域判决作为当事人提供的书证,即将其作为案件事实的普通载体,而法院在审查该证据所证明的事实时,也仅对其作为证据的真实性进行审查。例如,原告北欧商业银行——欧洲银行(以下简称北欧银行)诉被告巴拿马佛他贸易有限公司(以下简称巴拿马佛他公司)船舶抵押权纠纷案。① 被告巴拿马佛他公司向法院提供了朝鲜罗津法院第 723/RPC 号裁定,证明涉案轮船已经按照朝鲜海商法和有关法规及程序,于 2004 年 11 月 26 日通过拍卖程序卖给了罗津石油公司。本案中,我国两审法院均基于对朝鲜法院判决书中所载的拍卖涉案船舶的案件事实的采信而认定涉案船舶之上的抵押权已经消灭,并在裁判文书中认定:涉案船舶之上的抵押权已经消灭仅属于我国法院对朝鲜法院判决书这一证据的采信,而不属于我国法院对朝鲜法院判决的承认。这种证据认定方式的法律根据是什么?笔者认为体现在两个方面:一是我国现行民事诉讼法中仅规定了主要的八类证据,② 因此,我国法院在审判实践中往往自然地将外法域法院的判决作为文书书证来加以处理,进而对其中载明的事实加以认定;二是依据我国民事诉讼法,外法域判决在我国法院审判实践中获得承认的难度较大,③ 进而当外法域判决中所载明的案件事实成为案件审理过程中的"关键证据"时,法院就会倾向于避开承认外法域判决的程序,而仅将其视作普通的文书证据,从而通过审查其真实性的方式以达到认定其所载明的案件事实之目的。

然而,仔细分析法院审判过程中所体现出的法律逻辑,我们会发现其仍存在一些没有解决的问题。从我国现行法律规定来看,采信文书书证就是采信其中载明的各类事实。④ 若将外法域法院判决视为文书书证,则要对判决加以更加深入的分析,判决中载明的案件事实既包括法律事实,也包括客观事实。一般而言,法律事实是法院基于本国的诉讼证据而得到的结果,其基础为外法域证据规则,而这也就意味着如果我国法院直接认定外法域法院判决中的法律事

---

① 参见该案一审判决书:天津海事法院(2005)津海法商初字第 401 号;二审判决书:天津市高级人民法院(2006)津高民四终字第 95 号。

② 我国现行民事诉讼法第 63 条规定,我国的法定证据种类共有 8 种,分别为当事人陈述、物证、书证、视听资料、电子数据、证人证言、鉴定意见以及勘验笔录。

③ 现行民事诉讼法第 282 条规定:"人民法院对申请或者请求承认和执行的外国法院做出的发生法律效力的判决、裁定,依照中华人民共和国缔结或者参加的国际条约,或者按照互惠原则进行审查后,认为不违反中华人民共和国法律的基本原则或者国家主权、安全、社会公共利益的,裁定承认其效力,需要执行的,发出执行令,依照本法的有关规定执行。违反中华人民共和国法律的基本原则或者国家主权、安全、社会公共利益的,不予承认和执行。"该规定为我国法院承认外法域判决设定了严格的要求,这也是司法实践中外国法院判决较少获得我国法院承认的主要原因。

④ 参见张卫平:《民事诉讼法》(第四版),法律出版社 2016 年版,第 206 页。

实，实则就是间接地适用了外法域证据规则，如在上述北欧银行诉巴拿马佛他公司一案中，涉案船舶之上的抵押权已经消灭的事实就属于法律事实，法院仅将其视为普通证据而加以采信的审判思路确有不妥。类似的案例还广泛存在，如铜川鑫光铝业有限公司与中国银行（香港）有限公司以及珠海鑫光集团股份有限公司担保合同纠纷一案，① 关于香港法庭对涉案贷款合同作出的判决书在我国内地法院的法律效力问题，一审法院认为香港法庭已经就主合同纠纷作出判决，确认了主合同债权债务数额，且两被告均未提出证据予以反驳，故得出了"对香港法庭判决中确定的关于银行与金明亮公司（本案案外人）之间的主债务有效存在及其债务的数额，应作为事实予以确认"的结论，值得商榷。根据民事诉讼法相关司法解释的规定，在该判决书没有得到我国内地法院正式承认的情况下，其只能作为一般书证，证明争议存在等事实问题，而本案原告所主张的主合同债权债务是否有效存在及其具体数额，则属于典型的法律问题，应由一审法院适用主合同的准据法以及本法域证据规则来加以判定，而一审法院的本次判决正是间接地适用了香港法庭的证据规则。

通过对大量裁判文书的研读不难发现，在我国的涉外诉讼实践中，虽然并没有直接适用外法域证据规则的先例，但实则普遍存在间接适用外法域证据规则的现象。而这样一种客观上间接适用外法域证据规则的方式，实则造成了一种立法之间的"矛盾"。一方面，根据文书书证采信的规定，司法实务中可认定外法域判决中所认定的事实，这符合民事诉讼法第2条的规定；另一方面，由于域外判决的域外性质，对外法域判决中法律事实的认定又意味着法院间接地适用了外法域证据规则，这与民事诉讼法第4条所确立的空间效力明显违背。通过对现有案例的整理与分析，笔者发现法院虽然可以通过将事实问题与法律问题严格区分的方式来化解这一矛盾，但是如果这些域外证据是诉讼过程中的"关键证据"，一味地将这些证据都予以排除将不利于诉讼的公平。因此，笔者认为可以赋予我国法院在一些特定的证据问题上明确拥有适用外法域证据规则的权力，以此不仅可以化解这一立法之间的"矛盾"，亦有利于更好地实现司法公正，具有重要的理论意义与实践意义。

---

① 参见该案一审判决书：广东省珠海市中级人民法院（2002）珠法民四初字第4号；二审判决书：广东省高级人民法院（2004）粤高法民四终字第6号。

一、我国域外证据法律适用的司法考察

国际私法中存在大量的域外证据问题，根据笔者的粗略统计，大约30%的涉外案件的解决都或多或少地依赖于法院对域外证据的认定，① 域外证据在涉外纠纷中的重要性可见一斑，证据冲突法理论由此孕育而生。基于域外证据在涉外争议中的重要作用，考察其司法实践就显得尤为重要。为此，本文选取了1500份涉外证据案例作为研究样本，通过研读判决书文本，梳理司法实践动态，以此分析法官的审理思路及其在认定域外证据过程中所适用的证据冲突法，从而发现问题，并归纳提炼能够上升为立法规范的司法实践经验。

（一）案例样本的选取

1. Python 爬虫获取

通过 Python 编程进行数据爬虫的方式，笔者以"本案为涉外纠纷""国际货物买卖合同"以及"域外证据"为关键词，除去重复案例为条件，在北大法宝法律数据库、威科先行法律数据库、裁判文书网等数据库或网页中进行搜索，获得了数量可观的涉外证据案例，并全部以案由的形式导出，而后通过 Excel 随机筛选的方式选取了其中 1000 份案例，该部分案例的时间跨度为 2005 年至 2021 年。②

2. 参考文献与法律公众号等析出的典型案例

为了保证所选案例的典型性，笔者将有关证据冲突法的相关参考文献中引用频率较高的案例进行梳理、归纳，同时记录最高人民法院公报案例及"海商法研究中心"等法律公众号所发布的典型案例，将上述案例加以整理后与通过 Python 爬虫方式获取的案例进行比对，剔除重复案例并通过 Excel 随机筛选之后，共得到 500 份案例，该部分案例的时间跨度为 2006 年至 2021 年。

---

① 30% 是笔者在所有涉外案件中以域外证据为关键词所得到的案件数量占比。
② 应当说明的是，虽然北大法宝法律数据库、威科先行法律数据库以及裁判文书网等都具有相应的条件搜索功能，但如果仅是人工操作，则效率较低，因此笔者结合所掌握的 Python 爬虫方法，用编程的方式获得了数量可观的涉外证据案例，并直接以案由的形式导出，极大地提高了效率。

(二) 案例样本呈现的司法实践样态

1. 案例样本的结案情况

(1) 案例样本的结案审级和裁判结果

1500 份案例样本中,一审、二审和再审的结案数量分别为 553 例、811 例和 136 例,分别占比 36.87%、54.07%、9.07%。[①] 在 811 例二审案件中,法院判决维持和改判的分别为 718 例和 93 例,分别占比 88.53%、11.47%;136 例再审案件中,法院判决维持和改判的分别为 96 例和 40 例,分别占比 70.59%、29.41%(见表1)。案例样本的结案审级和结果的数据说明,此类案件的上诉率较高;二审法院与再审法院对改判持相对谨慎态度。

表 1 案例样本的结案审级和结果

案件审级	一审	二审		再审	
样本数量(例)	553	811		136	
占比(%)	36.87	54.07		9.07	
判决情况	—	维持	改判	维持	改判
样本数量(例)	—	718	93	96	40
占比(%)	—	88.53	11.74	70.59	29.41

(2) 案例样本的结案法院

1500 份案例样本中,最高人民法院审结 45 例,高级人民法院审结 255 例,中级人民法院审结 982 例,基层人民法院审结 218 例,[②] 各自占比分别为 3.00%、17.00%、65.47%、14.53%(见表2)。数据表明:此类案件多由中级人民法院审结。

表 2 案例样本的结案法院

法院审级	最高人民法院	高级人民法院	中级人民法院	基层人民法院
样本数量(例)	45	255	982	218
占比(%)	3.00	17.00	65.47	14.53

---

① 计算结果均为保留小数点后两位。
② 海事法院审理的案件数量归入中级人民法院审理的案件数量中。

2. 证据规则适用情况总体概观

1500 份案例样本中，法院未说明理由直接适用国内证据规则的共 1358 例，占比 90.53%；法院说明理由后适用国内证据规则的共 141 例，占比 9.40%；法院说明后适用国际条约或域外证据规则的共 1 例，占比 0.07%（见表3）。数据说明：法院在认定域外证据时大多直接适用国内证据规则。

表3 案例样本的证据规则适用情况

证据规则适用情况	样本数量（例）	占比（％）
法院未说明理由直接适用国内证据规则	1358	90.53
法院说明理由后适用国内证据规则	141	9.40
法院说明理由后适用国际条约或域外证据规则	1	0.07

3. 证据规则公私法认定情况总体概观

1500 份案例样本中，法院未认定证据规则公私法性质的共 1432 例，占比 95.47%；法院认定证据规则为公法性质的共 67 例，占比 4.46%；法院认定证据规则为私法性质的共 1 例，占比 0.07%（见表4）。数据说明：法院在认定域外证据时大多对证据规则的公私法性质不加认定或直接认定证据规则为公法。

表4 案例样本的证据规则公私法认定情况

证据规则公私法认定情况	样本数量（例）	占比（％）
法院未认定证据规则公私法性质	1432	95.47
法院认定证据规则为公法性质	67	4.47
法院认定证据规则为私法性质	1	0.07

值得注意的是，以上两组数据中，法院经说明后适用国际条约或国外证据规则与认定证据规则为私法性质的案例为同一例，即由最高人民法院审理的上诉人唐某某诉被上诉人国家开发银行、徐某某等人保证合同纠纷案，[1] 本案中最高人民法院认定 1965 年《海牙送达公约》为私法性质的公约，以此认定涉案送达程序有效。由此可以发现，在对证据规则的适用问题上，地方法院普遍的司法实践与最高人民法院的审理观点并不吻合。

---

[1] 参见（2019）最高法民终 395 号民事判决书。

4. 证据规则实体/程序法认定情况总体概观

1500 份案例样本中，法院均将证据规则认定为程序法（见表5），笔者将案件类型扩大至所有民商事案件后亦得到了相同的结果，由此可以看出国内法院对此问题的判断具有高度的一致性，即认为证据规则属于程序法范畴。

表 5　案例样本的证据规则实体/程序法认定情况

证据规则实体/程序法认定情况	样本数量（例）	占比（%）
法院认定证据规则为程序法	1500	100
法院认定证据规则为实体法	0	0

5. 法院认定域外证据理由概观

1500 份案例样本的裁判文书在认定域外证据时对证据规则适用说明理由或者展开释法和论证的很少，多数判决或是一笔带过，或只进行相对简单的解释即下结论，例如"该证据为书证，故根据《民事诉讼法》的某某规定"等。此外，很少有法院会对域外证据的具体分类加以分析，有的法院甚至将域外判决等载有法律事实的证据（经公证、认证等程序后）视为简单的书证来加以处理。①

公众在判决书中难以看到法官在认定域外证据时的严谨态度，法院在认定域外证据时没有明确的标准，裁判尺度不一，严重影响了司法的公信力，这样的乱象需要从立法层面加以解决。因此，本文将从法理层面对证据规范加以分析，进而引入证据冲突法理论，旨在构建更加明确、合理的证据规范体系。

（三）小结

对国内有关涉外证据的司法实践考察可以发现，目前国内法院在涉及域外证据的审判过程中仍然存在一定的问题，如下级法院与最高人民法院的审判思路不一致，法院认定域外证据的过程缺乏明确的标准与指引。本文认为其原因在于国内法院对域外证据及域外证据规则没有较为深入的认识，很多地方法院仍然停留在将所有的域外证据规则视为公法与程序法的层面，且坚持认为国内法院只能适用国内证据规则。在这样的司法实践现状面前，我们有必要引入证据冲突法理论，为国内法院审理涉域外证据案件的审理思路提供理论指导，并进一步从立法层面构建更加明确、合理的证据规范体系，以此提升司法的公信

---

① 在1500 份案例样本中，这样的案例比比皆是，其中的一个典例是原告北欧商业银行—欧洲银行诉被告巴拿马佛他贸易有限公司船舶抵押权纠纷一案，参见贺荣主编：《中国海事审判精品案例》，人民法院出版社2014 年版，第11—22 页。

力。应当说明的是，证据冲突法理论的一个主要作用在于允许法院在认定域外证据时适用外法域法，而这也正是各界未达成共识的主要争议所在。为此，本文将集中论述域外证据适用外法域法的必要性与可行性，并在此基础上提出域外证据法律适用的立法建议。

二、域外证据适用外法域法的必要性

基于赋予我国法院在特定证据问题上适用外法域证据规则的理论意义与实践意义，结合当前我国国际私法与私法实践的现状，域外证据适用外法域法具有其必要性。通过将冲突法的范围扩张至证据规则的方式，我国的证据规则体系将得以厘清，并以此促进国际诉讼理论的完善。而域外证据适用外法域法本身也可以增强法官在涉外审判中的说理，改善裁判文书的质量，从而推动我国判决在外法域的承认与执行。

（一）推动国内法院对证据规则公私法性质的准确界定

1. 国内法院对证据规则公私法性质界定不清晰的原因分析

在我国现行的诉讼法体系内，法院在认定域外证据时适用外法域证据规则表面上确实与我国目前的通说相违背。① 但从诉讼法体系本身来看，域外证据适用外法域法有利于推动国内法院对证据规则公私法性质的准确界定。由上文对案例样本的整理与分析可知，我国的证据规范体系对证据规则公私法性质的界定并不清晰，该现状存在两方面原因。一是我国的理论通说以及司法实践都认定，由于我国的证据规则规定在诉讼法当中，故自然地将证据规则完全地认定为程序规则；二是我国的理论通说与司法实践都将诉讼规则认定为绝对的公法。因此，当这两种因素结合起来，"证据规则属于公法范畴"的观点就形成了。② 但是，这样的观点本身其实存在一定的缺陷。从法理层面而言，将证据规则等诉讼规则不加区分一概界定为公法，是出于对司法权进行维护的考虑，但并非所有的证据规则都会对我国的司法权产生直接的影响，换而言之，一些证据规则并不直接规范调整法院的相关审判行为。相应地，根据美浓部达吉

---

① 我国目前通说认为证据问题属于诉讼法问题，并因此属于公法问题，进而证据问题应当绝对地适用法院地法的证据规则。

② 参见江伟主编：《民事诉讼法》（第二版），高等教育出版社 2004 年版，第 26 页。

于"主体说"所发展的理论,这些证据规则本身也就不具有公法性质。① 在这样的基础上,如果这些不具有公法性质,而是属于私法范畴的外法域证据规则,又对当事人双方的实体权利义务关系进行了调整,那么,这些外法域证据规则就应当成为我国法院在认定域外证据时的正当依据,并可以作为法院在后续法律事实认定上的裁判依据。由此,域外证据适用外法域法将为法院认定证据规则的公私法性质构建一个"通道",使法院能够对证据规则公私法的性质有更加准确的界定。

2. 域外证据适用外法域法推动国内证据规范体系的完善

基于上述理由,从法理层面加以分析,加之域外证据本身就产生于外法域,我国法院适用外法域证据规则对域外证据加以认定具有充分的理论基础。我们不能因我国的证据规则属于诉讼法体系,加之诉讼法是公法的通说观点,就违背了基本的法理逻辑,将证据规则连同调整规范法院审判行为的诉讼规则一起,统一地将其界定为是公法。在大前提存在争议的情况下,其得出的结论自然也就存在问题。② 相比我国,世界上其他一些国家——如英美法系的英美,再如大陆法系的德法日,这些国家都将包括举证责任分配制度在内的部分证据规则界定为是私法。这一点在各国的司法实践与立法例中皆有所体现。③ 当然,我国现行合同法中也规定了一些特殊事项的举证责任分配问题,但这些规定都只是针对特定的合同情况而没有进行一般性的规定,因此,我国的举证责任分配制度在大多数情形下还是属于民事程序法的范畴。④

我国证据规范的体系存在对证据规则公私法性质界定错误的缺陷,而这些缺陷实则都是受到传统诉讼理论以及长期以来司法实践的影响所造成的。如何弥补这些缺陷?如何更加清晰地界定证据规则的性质?诉讼理论的缺陷可在理论上进行解释与完善,但其并不能够对司法实践产生直接而较强的影响。因此,笔者认为解决该问题的主要途径之一还是要落实到司法实践当中,使法院能够在进行域外证据认定时,适用相关的外法域证据规则——只有通过司法实

---

① 基于美浓部达吉认为公法是在排除特定情形外,所建立的法律关系中至少有一方是公权力主体的概念之界定,本文认为包括举证责任分配在内的部分证据规则属于私法。参见[日]美浓部达吉:《公法与私法》,黄冯明译,中国政法大学出版社 2003 年版,第 43 页。

② 此处使用了三段论的逻辑推理模式,将"诉讼法是公法"作为大前提,将"证据规则属于诉讼规则"作为小前提,由于大前提本身存在争议,因此其得出的"证据规则是公法"的结论也存在问题。

③ 参见谭兵主编:《外国民事诉讼制度研究》,法律出版社 2003 年版,第 207—217 页。

④ 我国合同法虽未明文规定合同诉讼举证责任分配的一般规则,但有若干特别分配规范,如合同附条件附期限的证明、确认合同无效之诉中的证明、合同诉讼时效的证明等。可见合同法第 45、46 条等规定。

践的总结与发展，我国证据规则的公私法性质才能得到更加清晰的界定，证据规范的体系才能得到更加合理的完善。①

（二）推动我国判决在外法域的承认与执行

在涉外民商事诉讼中，如何使我国判决在外法域得到更有效的承认或执行，是学界与实务界一直以来的研究重点，其原因在于如果需要得到外法域法院承认或执行的我国判决在外法域得不到承认或执行，那整个涉外民商事诉讼将没有意义，国际私法及国际民事诉讼的许多理论也只能成为纸上谈兵。因此，我国判决在外法域的承认与执行是我们所研究理论的落脚点与归宿。

目前，我国虽然已经初步建立了较全面的国际民事诉讼制度，但是，我国法院判决的国际公信力还很不够。其中最主要的一个原因就是，长期以来，我国涉外审判中存在明显的"重实体，轻程序"的现象，严重损害了涉外判决的权威，也降低了我国裁决在国际上的威信。因此，要使得我国判决在外法域得到更加有效的承认与执行，应当强化我国涉外审判程序的正当性。国内已有学者对此问题进行了全面深入的研究，并提出应当从立法、司法以及司法理念三个层面来对我国涉外审判程序的正当性加以完善②，而允许法院在认定特定的域外证据时适用外法域证据规则正是从司法层面来强化我国涉外审判程序的正当性。

国内法院在认定域外证据时能够适用外法域证据规则意味着其他国家判决中所载明的法律事实将可以被国内法院直接认定，这将使得域外证据的认定过程在不存在法理缺陷的同时，还能够增强法官在涉外审判中的说理，强化审判程序的正当性。以此，我国法院裁判文书的质量将得以改善，而这将为我国法院的涉外判决在外法域的承认与执行打下坚实的基础，有力地促进我国判决在外法域的承认与执行，更好地实现国际司法的公平正义，达到"平等保护中外当事人合法权益，切实维护国家权益，促进增强国家核心竞争力，为构建开放型经济新体制、推进海洋强国战略提供更加有力的司法保障"的司法目标。③

---

① 该问题解决途径的得出主要是借鉴了英美法系的思路——在我国目前的司法环境下，通过法官的司法实践来总结得到相关的经验，其结论将更加具有说服力，不失为是一种好的解决办法。

② 参见乔雄兵：《外国法院判决承认与执行中的正当程序考量》，载《武汉大学学报（哲学社会科学版）》2016 年第 5 期。

③ 参见最高人民法院副院长贺荣：《学习贯彻党的十八届四中全会精神，全民推进涉外商事海事审判工作》，载中国涉外商事海事审判网，http://www.ccmt.org.cn/shownews.phpid=15105，最后访问日期：2021 年 4 月 15 日。

(三) 弥补我国国际民事诉讼理论的缺陷

目前国内通行的国际民事诉讼理论绝对地排除了域外证据适用外法域法的可能性，该理论的一个主要缺陷表现为法院在涉外纠纷案件的审理过程中很难利用域外证据与相应的证据规则实现对案件事实与涉案法律关系的准确查明。根据笔者统计的相关数据，在涉外纠纷案件当中，不少域外证据都没能得到恰当的适用，这对涉外诉讼公平造成了较大的负面影响。[①] 而通过赋予国内法院在特定证据问题上适用外法域证据规则的方式，国际民事诉讼理论的该缺陷将得到有效的弥补。

1. 我国国际民事诉讼理论缺陷的理论分析

首先，从国际法层面而言。一些国际司法协助条约规定，对于需要在别国境内进行的、需要该国有关机关予以协助的诉讼行为，都应适用该国的相关程序法规定。其中的一个典例是《海牙取证公约》第9条，其中规定：一国的司法机关在另一国执行当事人的嘱托书时，在除了本条但书中规定的由于与该国法律冲突或其他实际困难的情况下，都应当适用该另一国的相关规定。而此处的"相关规定"主要就是该另一国相关的证据规则。[②] 因此，国际民事诉讼理论中绝对地排除域外证据适用外法域法可能性的观点本身就不符合诸多与证据相关的国际条约的规定，而且将导致相应的案件事实难以得到准确的查明。

其次，从司法实践层面而言。为了更加确切具体地论证在司法实践中如果法院绝对地排除外法域证据规则的适用，将会对法律事实查明所造成的阻碍，本文试以举证责任分配这一证据规则为例，以与中国诉讼体系相近的德国作为对比来展开论述——在当事人举证责任分配的问题上，大多数大陆法系国家的举证责任分配规则都属于私法范畴。如在德国有关举证责任的分配规定就在德国民法典的债法编中，[③] 由于受到法律要件分类说的影响，德国的举证责任分配有着鲜明的职权主义色彩，但其又在很大程度上兼收了英美法系的举证责任分配模式。其中一个典型就是德国民法典第282条，其规定"对于给付不能是否由于债务人的过失有争执时，举证责任属于债务人"。该条是对法律要件分类说中提出"权利规范妨碍"者负举证责任的倒置，基于法院在诉讼过程

[①] 在1500份研究案例样本中，大多数案件都未对域外证据的定性加以确定，未恰当地适用相应的证据规则，这对涉外诉讼的公平性造成了负面影响。

[②] 海牙《关于从国外调取民事或商事证据的公约》第9条规定，"The judicial authority which executes a Letter of Request shall apply its own law as to the methods and procedures to be followed."

[③] 《德国民法典》在第282、345、363、442、542、636条等条文中对当事人举证责任的分担原则进行了相应的规定。

中对当事人诉讼地位的重视，因而带有了浓厚的英美法系"当事人主义"色彩。而在我国，虽然主要也是以法律要件分类说为主要依据分配举证责任，同时在 2008 年最高人民法院《关于民事诉讼证据的若干规定》第 7 条中兼收了英美法系举证责任分配模式的特色，① 但在我国的司法实践中，由于我国法院长时间所遵循的一种"超职权主义"的诉讼模式，② 我国法院在司法审判实践中很少出现突破法定举证责任倒置情形以外的，可由法院裁量权决定举证责任倒置的情形。③ 更深层次地说，这实际上是因为德国等大陆法系国家始终认为举证责任的本质是当案件事实处于真伪不明状态时，负有举证责任方败诉；而我国民事诉讼法和最高人民法院的司法解释在分配后果责任时，只包括没有证据或者证据不足时，负有举证责任方败诉。④ 由此，在我国的司法实践中，法院自然不会轻易地将举证责任倒置，将败诉的风险以裁量的方式加以转嫁，而这也就导致我国法院往往会在实际审判中放弃对 2008 年最高人民法院《关于民事诉讼证据的若干规定》第 7 条的适用。试想，当一个案件既有德国的涉外因素，又由我国法院进行管辖时，如果我国法院仍然绝对地排除外域法证据规则的适用，其必将造成诉讼中的缺陷。

2. 我国国际民事诉讼理论缺陷的实务分析

在赫伯罗特货柜航运有限公司与青岛中远大国际贸易有限公司海上、通海水域货物运输合同纠纷案中，⑤ 青岛中远大公司与德国赫伯罗特货柜航运有限公司签订了一份国际货物运输合同。在中远大公司的货物在到达德国港口后，由于该批货物包装不善、标志不当，而被欧盟有关部门扣押并销毁。由此，赫伯罗特公司将中远大公司起诉至中国法院，主张中远大公司应负相应的过失责任。在本案的实际审判过程中，准据法为我国的合同法，我国法院按照"谁主张谁举证"的举证责任分配规则，将中远大公司存在过失行为这一事实的

---

① 2008 年最高人民法院《关于民事诉讼证据的若干规定》第 7 条规定，"在法律没有具体规定，依本规定及其他司法解释无法确定举证责任承担时，人民法院可以根据公平原则和诚实信用原则，综合当事人举证能力等因素确定举证责任的承担"。（该条款目前已经废止）

② "超职权主义"诉讼模式的界定源于 20 世纪我国诉讼法学家们在对我国民事诉讼模式进行构筑时所提到的观点，以王韶华为代表的学者认为我国的民事诉讼模式就是"超职权主义"。参见王韶华：《试析民事诉讼中超职权主义现象》，载《中外法学》1991 年第 2 期。

③ 为了印证此点，笔者做了一份相关的抽样调查。以"过失责任"为关键词，笔者通过北大法宝查询得到共计 5001 份民事案件，而后通过 Excel 随机数选取其中共计 50 份案例，时间跨度为 2009 年到 2018 年，案由不定。经笔者分析，这 50 份案例的共同点为最终的举证责任方都归于原告。由此可见，我国在过失责任的举证责任分配问题上，仅是绝对地适用"谁主张谁举证"的模式，并没有对《民事诉讼证据的若干规定》的第 7 条加以适用。

④ 参见谭兵主编：《外国民事诉讼制度研究》，法律出版社 2003 年版，第 185—186 页。

⑤ 参见山东省高级人民法院（2015）鲁民四终字第 145 号。

举证责任归于赫伯罗特公司。

我们不妨作一个假定——本案当事人双方签订的国际货物运输合同约定双方发生争议时的准据法为德国民法典，管辖法院仍为中国法院，那这就会产生一系列的问题。首先，依据《中华人民共和国海商法》第 269 条的规定，本案诉讼中的准据法为德国民法典。① 其次，与本案过失责任举证责任分配相关的规定为德国民法典第 282 条，其属于私法范畴。再如上文所述，举证责任分配对当事人的实体权利义务产生了直接影响，因此，我国法院应当将德国民法典第 282 条作为准据法加以适用。此时，如果我国法院仍然绝对地排除域外证据规则的适用，则法院最终仍然还是适用我国的证据规则来对本案当事人之间的举证责任进行分配，等于并没有真正适用德国民法典。这就造成了我国司法与他国司法之间的差异，并且这样的审判思路并不利于促成法院对案件事实、法律关系的查明，亦不利于维护诉讼之公平。因此，在涉及英美法系国家的涉外民事诉讼中，不同证据规则的适用将对法律关系的查明以及诉讼公平正义的维护产生更大的影响。

3. 域外证据适用外法域法有利于对法律关系的查明

通过对我国国际民事诉讼理论缺陷的分析可以发现，其缺陷主要表现在：由于绝对地排除域外证据适用外法域法而导致的法院在涉外纠纷案件的审理过程中难以利用域外证据与相应的证据规则实现对涉案法律关系的准确查明。与之相对应的是，域外证据适用外法域法将有利于弥补我国国际民事诉讼理论的这一缺陷，赋予法院在特定证据问题上适用外法域证据规则的权力将有利于法院在涉外审判中对涉案法律关系的查明及维护诉讼之公平。

（四）小结

基于上文对域外证据适用外法域法的价值之论述，笔者得出以下结论。

首先，域外证据适用外法域法有利于推动国内法院对证据规则公私法性质的准确界定。受到传统诉讼理论与长期司法实践的影响，我国的证据规则体系存在对证据规则公私法性质界定错误的缺陷，笔者认为弥补此缺陷的主要途径之一在于赋予我国法院在一些特定的证据问题上明确拥有适用外法域证据规则的权力。通过总结域外证据适用外法域证据规则的司法实践经验，证据规则的公私法性质才能得到更加清晰的界定，证据规则体系也才能得到进一步的

---

① 根据特别法优先适用的原则，此处应适用《中华人民共和国海商法》第 269 条。《中华人民共和国海商法》第 269 条规定："合同当事人可以选择合同适用的法律，法律另有规定的除外。合同当事人没有选择的，适用与合同有最密切联系的国家的法律。"

完善。

其次，域外证据适用外法域法有利于促进外法域判决的承认与执行。面对如何使外法域判决得到更有效的承认与执行的问题，允许域外证据适用外法域法将是效益可观的一条路径。法院在认定域外证据时能够适用外法域法将意味着各国之间判决中所载明的法律事实将可以被法院直接认定，且该认定过程将不存在法理上的缺陷，这将为各国之间的判决打下可以互相承认的基础，以此有力地促进外法域判决的承认与执行，更好地实现国际司法的公正性。

最后，域外证据适用外法域法有利于弥补国际民事诉讼理论的缺陷。本文以赫伯罗特货柜航运有限公司与青岛中远大国际贸易有限公司海上、通海水域货物运输合同纠纷案为例，通过对该案法律适用的分析发现，法院在涉外纠纷案件的审理过程中很难利用域外证据与相应的证据规则实现对案件事实与涉案法律关系的准确查明，绝对地排除外法域证据规则的适用甚至可能影响整个案件的审理结果。此外，根据笔者统计的相关数据，在涉外纠纷案件当中，不少域外证据也都没能得到恰当的适用，这对涉外诉讼公平造成了较大的负面影响。与之相对应的是，域外证据适用外法域法将有效弥补这一缺陷。

综上所述，为了弥补国内证据规则与诉讼理论的缺陷，并使得外法域判决得到更有效的承认与执行，法院应当将外法域证据规则作为在涉外民事诉讼案件中认定域外证据的法律依据，并据此对与案件相关的法律事实加以认定，即域外证据具有适用外法域法的必要性。

三、域外证据适用外法域法的可行性

在我国的诉讼法体系中，证据规则是诉讼规则的一个部分。因此，国内法院普遍基于民事诉讼法第 4 条的规定，在任何民事诉讼中都只适用我国的证据规则来对诉讼证据加以认定。① 然而，在某些涉外民事诉讼纠纷中，法院需要确定涉外民事法律关系所适用的准据法，而当案件中出现域外证据时，就会产生域外证据是否应适用冲突规则援引的准据法的问题。对此，世界各国存在不同的做法，相较于国内法院只适用我国证据规则的普遍做法，美德等国则是将部分证据规则划定为实体法与私法范畴，使得本国法院能够在司法实践中适用域外证据所属国的证据规则。通过对美德等国证据规则的法理分析可以发现，域外证据适用外法域法具有可行性。

---

① 民事诉讼法第 4 条规定："凡在中华人民共和国领域内进行民事诉讼，必须遵守本法。"此条规定确立了我国民事诉讼法的空间效力。

（一）证据规则的部分规定为实体法

1. 部分证据规则满足准据法的实体法性质要求

涉外民事诉讼案件与非涉外民事诉讼案件相比，其最具特色之处就是存在法律选择问题，即须在诉讼中确定"准据法"。准据法（lexcausae/applicable law）是国际私法中的一个特有概念，我国通说和目前的司法实践认为其仅指"由冲突规范援引的用来调整国际民商事法律关系当事人之间的权利义务的具体实体法律规范"。① 基于通说中对准据法性质的认定，在我国普遍的司法实践中，法院均认为证据规则属于诉讼规则，作为程序法律规范的证据规则不能成为准据法。然而，当我们深入思考这一实践做法，会发现其存在一定的问题：部分证据规则本身也会对当事人的实体权利义务产生直接影响，这部分证据规则更应当作为实体法律规范来加以认定。关于证据规则是否具有实体法性质的争论由来已久，国内有学者曾指出，诉讼规则作为程序法，其不仅是为了保障程序权利义务的实现，同时也是为了实体权利义务的实现。② 举例来说，以举证责任分配为代表的部分证据规则，都会对当事人的实体权利义务产生直接的影响，而这些证据规则也就具有了实体法律规范的性质，可以满足准据法对实体法性质的要求。

2. 属于实体法范畴的证据规则

因此，笔者认为准据法的选择范围不应只限于传统的实体法律规范，那些具有实体法律规范性质的证据规则也应纳入准据法的选择范围当中。③ 此外，由于各国间证据规则种类基本相同，故本文以我国证据规则为例，对证据规则的实体/程序法性质加以界定。以对当事人实体权利义务产生直接影响为标准，笔者整理了我国现行法律规定中符合标准的所有证据规则（见表6）。

---

① 韩德培：《国际私法》，高等教育出版社和北京大学出版社 2000 年版，第 105 页。
② 参见张卫平：《民事诉讼法》（第四版），法律出版社 2016 年版，第 16 页。
③ 准据法的一个特征就是"调整当事人双方的实体权利义务关系"，因此，对当事人的实体权利义务产生直接影响的诉讼规则也应纳入准据法的范畴中。有关准据法的特征，参见秦瑞亭主编：《国际私法》（第二版），南开大学出版社 2014 年版，第 37 页。

表6　对当事人实体权利义务产生直接影响的证据规则

法律名称	条款	具体规定	对当事人实体权利义务产生的直接影响
《中华人民共和国民事诉讼法》（1991年通过，2007年、2012年、2017年、2021年修改）	第66条（证据形式）	证据包括：（1）当事人的陈述；（2）书证；（3）物证；（4）视听资料；（5）电子数据；（6）证人证言；（7）鉴定意见；（8）勘验笔录。证据必须查证属实，才能作为认定事实的根据	法院要求当事人严格提供符合证据形式的证据，该规定决定当事人的实体权利能否得到支持
	第67条第1款（举证责任）	当事人对自己提出的主张，有责任提供证据	当事人能否就自己提出的主张提供证据以及证据的作用将决定当事人的实体权利能否得到支持
	第68条第1款（举证期限）	当事人对自己提出的主张应当及时提供证据	当事人能否在法定期限或约定期限内提供证据将决定当事人的实体权利能否得到支持
最高人民法院《关于民事诉讼证据的若干规定》（2001年通过，2019年修改）	第1—19条（举证责任）	主要是举证责任分配等相关规定	当事人能否就自己提出的主张提供证据以及证据的作用将决定当事人的实体权利能否得到支持
	第49—55条（举证时限）	举证时限等相关规定	当事人能否在法定期限或约定期限内提供证据将决定当事人的实体权利能否得到支持
	第85—99条（证据的审核认定）	证据形式、证据能力、证据证明力等相关规定（2019年修正的《关于民事诉讼证据的若干规定》中将须公证认证的证据限于公文书证）	当事人所提供的证据形式、证据能力、证据证明力等因素将决定当事人的实体权利能否得到支持

续表

法律名称	条款	具体规定	对当事人实体权利义务产生的直接影响
最高人民法院《关于适用〈中华人民共和国民事诉讼法〉的解释》（2014年发布，2020年、2022年修改）	第90—91条（举证责任）	当事人对自己提出的主张，有责任提供证据，同时规定了相应的例外情形	当事人能否就自己提出的主张提供证据以及证据的作用将决定当事人的实体权利能否得到支持，以及举证责任倒置的情况下对方当事人能否提供证据以及证据的作用将决定对方当事人的实体权利能否得到支持
	第99—102条（举证期限）	当事人对自己提出的主张应当及时提供证据	当事人能否在法定期限或约定期限内提供证据将决定当事人的实体权利能否得到支持

由此可见，目前现有的部分证据规则会对当事人的实体权利义务产生直接影响，具有实体法律规范的性质，这样的情况不仅体现在我国的证据规则中，也散布于各个国家的证据规则与国际条约当中。例如，1928年的《布斯塔曼特法典》专门用第七篇规定了证据问题，该篇分为两章，其中第一章是关于证据的一般规定，第二章是关于证明外国法律的特别规则，就域外证据的法律适用问题提出了许多非常详细的冲突规范条款，而这些冲突规范条款所指向的也都属于上述对当事人实体权利义务产生直接影响的证据规则。按照准据法概念的通说观点，这些证据规则都可以纳入准据法的范畴。但出于各法域之间证据规则差异较大、国家司法主权需要加以保护的考虑，这些证据规则显然又不可能都成为准据法而在各国间加以适用。由此，下文将对证据规则的公私法性质展开论述。

（二）证据规则的部分规定为私法

正如上文所述，在涉外民事诉讼中，如果不考虑保护国家司法主权，而单从理论上来说，对当事人实体权利义务产生直接影响的证据规则，都可以纳入准据法的选择范围。然而，在这些对当事人实体权利义务产生直接影响的证据规则中，部分证据规则确实会直接对法院的审判行为加以调整与规范。换言之，这部分证据规则会对国家的司法权产生直接的影响，具有公法性质，因而不再适合纳入准据法的选择范围当中。

1. 部分证据规则满足不影响国家司法主权的私法性质要求

为了更加清晰地界定这些证据规则的公私法性质，本文将研究对象扩大为诉讼规则，① 以基本的诉讼理论为视角加以展开。从公法与私法的视角看民事诉讼法的性质，我国及少数大陆法系国家的通说认为民事诉讼法属于公法范畴，而德法等大陆法系国家以及大多数英美法系国家的通说则认为民事诉讼法具有公私法双重性质。民事诉讼法的性质存在着较大的争议，目前具有代表性的观点有公法说、私法说以及公法与私法兼顾说等。② 其中，公法说从民事诉讼法是规范国家对国民行使裁判权方法及界限的角度出发，认为民事诉讼法是一种约束国家公权力关系的法律，因此当然地属于公法。③ 私法说认为民事诉讼是解决民事纠纷的程序法，因此与其实体法（民法/私法）的性质一致。④ 而公私法兼顾说认为，民事诉讼法中既有规范法院权力的规定，也有规范当事人之间私关系的规定，因此其具有公私法双重性质。⑤

为什么会出现这样的分歧？其答案在于相关学说如何结合民事诉讼的诉讼结构与公私法的界定标准。一般而言，民事诉讼是一种当事人对立，法院居间审理、裁判的等腰三角形结构。⑥ 显然，民事诉讼的这样一种现实结构是毋庸置疑的。然而，在公私法的界定标准上却存在诸多学说。⑦ 但在实践的认定中我们不妨采取美浓部达吉在耶律内克的"主体说"上发展的观点，即认为在满足特定条件下，只要法律调整的"法律关系的主体的双方或至少一方是国家或者是代表国家的公共团体"，那该部法律就是公法。⑧ 持公法说的学者，

---

① 此处的"诉讼规则"是指广义上诉讼规则，也是我国现行民事诉讼法律体系中的诉讼规则，其既包含了对法院审判行为进行调整与规范的程序规则，也包含了其他非调整规范法院审判行为的相关规则。

② 参见张卫平：《民事诉讼法》（第四版），法律出版社 2016 年版，第 16 页。

③ 参见江伟主编：《民事诉讼法》（第二版），高等教育出版社 2004 年版，第 26 页。

④ 私法说为少数说，持私法说观点的多为国际法学者。如谢石松教授认为，民事诉讼法是纯粹的私法，因此，"在国际民事诉讼法中，其法律适用的主要原则——至少在理论上——也不是法院地法的适用，而应该是适用与诉讼程序、各种不同的诉讼行为以及与伴随发生的诉讼法律关系联系最密切的诉讼法"。参见李双元、谢石松：《国际民事诉讼法概论》，武汉大学出版社 2001 版，第 74—75 页。

⑤ 参见谭兵主编：《民事诉讼法学》，法律出版社 2004 年版，第 16—18 页。本书虽然并未对诉讼法是公法还是私法的定性直接加以界定，但从书中论述的民事诉讼法与其他法律的关系中可以得出其持公私法兼顾说的观点。

⑥ 参见张卫平：《民事诉讼法》（第四版），法律出版社 2016 年版，第 5 页。

⑦ 长久以来，关于公私法的划分一直存在着较大的争论，其中具有代表性的学说有乌尔比安的利益说、耶律内克的主体说、拉班德的意思说以及沃林的综合说。其中，日本法学家美浓部达吉对耶律内克的主体说进行了发展，完善了相关的学说。

⑧ 参见［日］美浓部达吉：《公法与私法》，黄冯明译，中国政法大学出版社 2003 年版，第 43 页。

其显然是直接将美浓部达吉的观点适用到整个民事诉讼结构当中，由于法院的存在，诉讼法是绝对的公法。持私法说的学者，则是基于民事诉讼中当事人的对立关系，认为法院的居间只不过是起到一个"主持"的作用，因此，民事诉讼法解决的是民事法律关系问题，应归为私法范畴。① 而持公私法兼顾说的学者，则是采取了折中的思想，认为民事诉讼的等腰三角形结构中既有法院参与的一面，也有法院未参与的一面。回到我国的司法实践中，公私法兼顾说显然更加符合国内民事诉讼体系的现状，避免了公法说与私法说"一刀切"的弊端。若采公私法兼顾说，那我们还需要进一步探讨诉讼法的哪个部分是公法，哪个部分是私法。

2. 主要证据规则的公私法分类

通过上文的论述可知，公法与私法之间最主要的不同在于公法调整规范法院的审判行为，对司法权产生直接影响；私法影响诉讼当事人之间的权利义务分配，而不对司法权产生直接影响。沿着这条进路，并将其具体应用到以上具有实体法性质的证据规则当中，笔者得到了相应的分类情况（见表7）。

表7 主要证据规则的公私法分类

证据规则	私法范畴	公法范畴	理由
举证责任	√		只决定当事人之间的举证责任分配事项，不对司法权行使产生直接影响
证据形式	√		只决定当事人提供证据的形式，不对司法权行使产生直接影响
证据能力	√		只决定当事人提供证据的证据能力，不对司法权行使产生直接影响
证据证明力	√		只决定当事人提供证据的证据证明力，不对司法权行使产生直接影响
举证期限		√	决定法院对证据认定行使司法权的期限，对司法权行使产生直接影响

---

① 该观点带有明显的英美法系"当事人主义"色彩。《戴西和莫里斯论冲突法》一书中曾提到，"如果准据法中有关举证责任规则的主要目的是影响争议的判决，而不是调整审判行为，那么它就应优先于法院地法的规则"。参见［英］J. H. C. 莫里斯：《戴西和莫里斯论冲突法》，李双元等译，中国大百科全书出版社1998年版，第1717页。

与我国的学术通说不同，在其他大陆法系国家以及英美法系国家，对证据规则公私法性质的认定早已有了突破。如德国，其早已在德国民法典编订之初就将包括举证责任分配规则在内的证据规则规定在债法编当中，且该做法后又被很多国家所仿效；① 又如美国，莫里斯在《戴西和莫里斯论冲突法》一书中指出美国的许多案件都适用了准据法所属国的举证责任规则，即"如果准据法中有关举证责任规则的主要目的是影响争议的判决，而不是调整审判行为，那么它就应优先于法院地法的（举证责任）规则"。②

（三）小结

基于上文对证据规则实体/程序法性质以及公私法性质的界定，笔者得出以下结论。

第一，证据规则的部分规定为实体法。我国传统的诉讼法理论认为证据规则全部属于程序法律规范，然而从法理层面加以分析，笔者发现部分证据规则会对当事人的实体权利义务产生直接影响，换而言之，这些证据规则具有实体法律规范的性质。因此，按照国内准据法概念的通说观点，这些证据规则都可以纳入准据法的范畴之中。

第二，证据规则的部分规定为私法。考虑到具有实体法律规范性质的证据规则可能对司法权的行使造成影响，即应将其认定为公法而不能作为准据法，因此，有必要对这些证据规则的公私法性质加以认定。本文以公私法兼顾说为标准，认为证据规则存在公私法双重性质，既有公法性质部分，亦有私法性质部分。由此，笔者在具有实体法律规范性质的证据规则中分析得到了同时具有私法性质的部分证据规则（包括关于举证责任、证据形式、证据能力以及证据证明力的证据规则）。这些证据规则将完全满足准据法的所需要件，并在法理层面具有可以适用冲突法规范的正当性。

综上所述，对于域外证据的法律适用问题，法院可以将外法域证据规则作为在涉外民事诉讼案件中认定域外证据的法律依据，并据此对与案件相关的法律事实加以认定，即域外证据具有适用外法域法的可行性。

---

① 参见沈达明：《比较民事诉讼法初论》，中国法制出版社 2002 年版，第 319 页。其中提到："《德国民法典》的许多条文都规定了举证负担，这种立法方法被很多国家的立法所仿效。联邦德国法院亦适用外国法院关于举证负担的法规。这就表明至少就举证负担的规则来说，不一定属于诉讼法范畴。"又见《德国民法典》"债的关系法"编第 282 条。

② ［英］J. H. C. 莫里斯：《戴西和莫里斯论冲突法》，李双元等译，中国大百科全书出版社 1998 年版，第 1717 页。

四、解决我国域外证据法律适用问题的思考和建议

为了解决我国域外证据的法律适用问题，需要总结司法实践现状，发现其中所存在问题，结合法理分析以将其归纳提炼为相应的司法实践经验。以此为基础，本文对域外证据适用外法域法的必要性与可行性进行了探讨，并得到了符合法院可以适用具有实体法与私法性质的外法域证据规则的结论。故对当前域外证据法律适用规则的完善，应以此为主线，对相应的规则体系加以适当的调整。

（一）修法途径——修改民事证据规则

正如上文所述，影响我国适用外法域法认定域外证据的主要原因在于我国的民事证据规则主要规定在民事诉讼法当中，导致法院在实际审判过程中往往将所有的证据规则视为公法与程序法。因此，优化域外证据法律适用制度的一个重要途径就是修改民事证据规则，明确民事证据规则所具有的私法与实体法性质。具体来说，可以采取两条进路：

一是通过修改多部法律的方式明确散布于各实体法中的证据规则的公私法性质与实体/程序法性质，同时对主要规定于民事诉讼法当中的证据规则的公私法性质与实体/程序法性质加以明确，此条进路的优势在于能够为法院提供更加明确具体的证据规则适用标准，但其也有较为明显的缺陷，即工作量巨大且跟不上证据规则的演替更新，难以实现对所有证据规则的全面覆盖。

二是通过修改民事证据适用规则的方式赋予法官选择所适用的证据规则的权利，这些证据规则应当限于可作为准据法的证据规则，如允许法官可以在举证责任分配中选择适用其他法域证据规则。笔者注意到最高人民法院曾通过发布民事诉讼法司法解释的方式赋予了法官在举证责任分配上一定的裁量权，[①]但该条款自发布后就被司法实践所搁置，涉外司法实践中也没有该条款被使用的案例，故在新的民事诉讼法司法解释中，最高人民法院删去了这一规定。该规定的实际效果欠佳，本文认为主要存在两个原因：一是举证责任倒置的规定本身较多，法官在审判实践中不易考虑到该条款的规定而加以使用；二是该条款的指向性不足且范围狭窄，最高人民法院通过民事诉讼法司法解释的形式发

[①] 最高人民法院《关于民事诉讼证据的若干规定》第7条规定："在法律没有具体规定，依本规定及其他司法解释无法确定举证责任承担时，人民法院可以根据公平原则和诚实信用原则，综合当事人举证能力等因素确定举证责任的承担。"（该条款目前已经废止）

布该规定，会让法官在审判实践中产生"国内案件适用条款"的印象，因此该条款并未能在涉外实践中发挥出相应的作用。基于前述原因，总结最高人民法院以前的经验和教训，本文认为可以由最高人民法院出台相关司法解释，明确人民法院在涉外民商事案件中，可以适用外法域的证据规则。

（二）释法途径——明确冲突法适用范围

根据《中华人民共和国涉外民事关系法律适用法》第 2 条的规定，法官在审理涉外民事关系案件时可以适用与该涉外民事关系有最密切联系的法律，受限于对证据规则性质的刻板印象，法官在司法实践中往往会将证据规则排除在此处的"法律"之外。因此，最高人民法院可出台相应的司法解释，围绕域外证据法律适用的相关问题，明确冲突法的适用范围包括部分证据规则，并以此提升最高人民法院审判观点的地位和作用。① 此外，司法解释中应以是否具有实体法与私法性质为标准，将证据规则划分为可以适用外法域证据规则与不能适用外法域证据规则两个部分，并配合国内冲突法规范的一般规定，以此为法官在判断能否适用外法域证据规则时提供明确具体的标准。

综上所述，笔者建议最高人民法院出台关于域外证据法律适用的司法解释，对域外证据法律适用问题进行明确规定，具体建议如下。

最高人民法院关于审理涉域外证据案件适用法律若干问题的规定

为正确审理涉域外证据案件，依法保护当事人合法权益，保障涉外诉讼的公平正义，根据《中华人民共和国民法典》《中华人民共和国民事诉讼法》《中华人民共和国涉外民事关系法律适用法》等相关法律规定，结合审判实践，制定本规定。

第一条　域外证据是在中华人民共和国领域外所形成的诉讼证据。

第二条　域外证据规则同时符合下列情形的，人民法院在对域外证据进行审核认定时可以适用域外证据规则：

（一）域外证据规则只影响当事人之间的诉讼权利义务关系，不影响人民法院审判权的行使；

（二）域外证据规则关系当事人的实体权利，决定当事人的实体权利能否得到人民法院的支持。

第三条　对域外证据进行审核认定时，适用域外证据形成国家的证据规则。

---

① 陈春龙：《中国司法解释的地位和功能》，载《中国法学》2003 年第 1 期。

第四条 当事人主张适用域外证据规则,且域外证据规则符合本规定第二条规定的,人民法院应当适用域外证据规则。

第五条 涉域外证据案件所适用的域外证据规则,由人民法院、仲裁机构或者行政机关查明。当事人也可提供所适用的域外证据规则。

人民法院通过由当事人提供、已对中华人民共和国生效的国际条约规定的途径、中外法律专家提供等合理途径仍不能获得域外证据规则的,可以认定为不能查明域外证据规则。

不能查明域外证据规则或者该国域外证据规则没有规定的,适用中华人民共和国证据规则。

第六条 当事人提供域外证据规则的,人民法院应当听取各方当事人对应当适用的域外证据规则的内容及其理解与适用的意见,当事人对该域外证据规则的内容及其理解与适用均无异议的,人民法院可以予以确认;当事人有异议的,由人民法院审查认定。

第七条 域外证据规则的相关规定有损于中华人民共和国的主权、安全或者社会公共利益的,人民法院不予适用。

第八条 涉及香港特别行政区、澳门特别行政区的诉讼证据的法律适用问题,参照适用本规定。

第九条 本规定施行后尚未终审的涉域外证据案件,适用本规定;本规定施行前已经终审,当事人申请再审或者按照审判监督程序决定再审的,不适用本规定。

第十条 本院以前发布的司法解释与本规定不一致的,以本规定为准。

五、结语

证据是诉讼的核心或曰灵魂,但其实对于包括证据概念在内的证据体系,世界各国都还未有一个统一的标准。[①] 证据体系之所以如此多样化,其实也反映出一个国家的法律制度对于证据制度形成的重要性。可以说,一个国家的法律制度在一定程度上直接决定了这个国家的司法体系会采取怎样的证据制度以及证据规则。

---

① 参见谭兵主编:《外国民事诉讼制度研究》,法律出版社2003年版,第150页。

本文探讨域外证据适用外法域法的必要性与可行性的原因正在于此，孕育于各自国家的证据规则，其往往最符合也最能体现一国法院在处理本国的民事法律关系争议时所应维护的正义。当发生在本国的民事法律关系形成相应的证据，而这样的证据又成为他国法院中的域外证据时，如果他国法院绝对地排除外法域证据规则的适用，其将不利于对案件法律关系的查明，进而不利于对诉讼公平的维护。因此，在域外证据适用外法域法的问题上，我国法院应当在一些特定的证据问题上明确拥有适用外法域证据规则的权力，域外证据适用外法域法具有其必要性。这将成为我国司法维护诉讼公平正义的一种表现。

法院可以在哪些特定的证据问题上被明确地赋予相应的权力，这需要对我国的诉讼规则体系，尤其是证据规则体系进行更加清晰地梳理。这既是域外证据适用外法域法的可行性所在，亦是本文所论述的主要方向——对证据规则中会对当事人实体权利义务产生直接影响的部分进行界定，对证据规则中属于公私法范畴的不同部分加以厘清，在此基础上，提出构建我国域外证据法律适用制度的作者个人思考和立法建议。

当然，本文对这些问题的论述仅是证据冲突法理论成立的前提，整个证据冲突法理论是一个十分复杂的课题，有待进一步的研究。而笔者期望通过本文的探讨，能够在一定程度上为司法实践中关于域外证据适用外法域法的问题提供一个参考，也希望能够通过本文引起理论界对目前我国亟待梳理的证据规范体系的重视，以期达到涉外诉讼当事人的相关利益和国际司法公正都能得到更好保障之目标。

（责任编辑　王露瑶）

《南开法律评论》注释体例

一、总则

（一）提倡引用正式出版物，独著类书籍无须在作者名称后加"著"字；非独著类书籍，根据被引资料性质，应在作者姓名后加"主编""编译""编著""编选"等字样。

（二）文中注释一律采用脚注。文章标题用"*"标注，如需要说明课题项目；作者用"＊"或"＊＊"标注；正文采用每页重新注码，注码放标点之后；投稿时用数字加圆圈标注，样式为：①②③等。

（三）非直接引用原文时，注释前加"参见"；非引用原始资料时，应注明"转引自"，应尽可能避免使用"转引"。

（四）引文涉及同一资料相邻数页，注释页码部分可标注为：第×—×页。

（五）引用自己的作品时，请直接标明作者姓名，不要使用"拙文"等自谦词。

二、分则

（一）著作类

1. 注释信息编排方式为：作者姓名：《著作名称》，出版社名称××××年版，第×页或第×—×页。

2. 著作若有副标题，以破折号与标题隔开。

3. 著作的版次紧随著作名称，以"（第×版）""（修订版）"或"（增订）"的方式表示。

4. 合著应标明全部作者姓名。三人以上合著的，第一次出现时，应写明全部作者姓名；第二次出现时，可以在第一作者之后加"等"字省去其他作者姓名。作者姓名之间以顿号（、）隔开。

5. 多卷本著作应在著作名称后，以"（第×卷）""（第×册）"或"（第×辑）"注明卷、册或辑数。

示例：① 王泽鉴：《民法学说与判例研究》（第1册），北京大学出版社2009年版，第4页。

（二）论文类

1. 注释信息编排方式为：作者姓名或名称：《文章名称》，载《期刊名称》××××年第×期。

2. 须在期刊杂志名称之前加"载"字，辑刊或文集论文须在主编者名称之前加"载"字。

3. 以"××××年第×期"标注期刊杂志的出版时间，不使用"第×卷第×期"的标注方式。

示例：① 苏永钦：《私法自治中的国家强制》，载《中外法学》2001年第1期。

（三）文集类

1. 注释信息编排方式为：作者姓名：《文章名称》，载×××主编/等：《著作名称》，出版社名称××××年版，第×页。

2. 译著类文集注释信息编排方式为：作者姓名：《文章名称》，译者姓名译，载×××主编/等：《著作名称》，译者姓名译，出版社名称××××年版，第×页。

示例：①［美］J. 萨利斯：《想象的真理》，载［英］安东尼·弗卢等：《西方哲学演讲录》，李超杰译，商务印书馆2000年版，第112页。

（四）译作类

1. 书籍类注释信息编排方式为：［国别名］作者姓名：《著作名称》，译者姓名译，出版社名称××××年版，第×页。

2. 论文类注释信息编排方式为：［国别名］作者姓名：《论文名称》，译者姓名译，载《期刊名称》××××年第×期。

示例：①［法］卢梭：《社会契约论》，何兆武译，商务印书馆1980年版，第55页。

（五）法典类

注释信息编排方式为：《法典名称》，译者姓名，出版社名称×××年版，第×页或第×—×页。

示例：①《德国民法典》（第3版），陈卫佐译注，法律出版社2010年版，第76页。

（六）报纸类

1. 注释信息编排方式为：作者姓名：《文章名称》，载《××日报或报》××××年×月×日×版或第×版，如果查不到具体版数，可以不录。
2. 采访类文章应注明记者姓名。

示例：① 刘均庸：《论反腐倡廉的二元机制》，载《法制日报》2004年1月3日第5版。

（七）古籍类

1. 应注明责任人、书名、卷次或责任人、篇名、部类名、卷次、版本等。
2. 常用古籍可以不注明编撰者和版本。

示例：①《史记·秦始皇本纪》。

（八）辞书类

参照书籍类著作的注释体例。

示例：①《新英汉法律词典》，法律出版社1998年版，第24页。

（九）外文类

依从该文种注释习惯。

（十）网络文献类

网络文献需附网址及访问日期。

《南开法律评论》编辑部

《南开法律评论》稿约

　　1920年，张伯苓先生提出南开大学要"以中国历史、中国社会为学术背景，以解决中国问题为教育目标"。坚守"知天下服务天下"优良传统的南开法学院学子，于2004年起自主创办学术刊物《南开法律评论》，旨在为广大法律人建立一个高层次的学术交流平台。迄今为止，本刊已编辑出版十余期，中国知网（CNKI）全文收录。

　　《南开法律评论》立足中国法治发展，关注国内外学科研究动态，坚持严格的三审匿名审稿制，以学术水平、学术规范和实务价值作为稿件录用的唯一标准。经过十余年的发展，《南开法律评论》已然成为法学院学子追踪法治前沿、彰显南开之声的重要阵地，刊物发展日新月异。

　　本刊下辟"主题研讨""各科专论""评论""判解研究""调查""书评"等栏目，诚向法学研究人员、法律实务界人士及广大青年学子征稿。专栏文章字数一般控制在2万以内，来稿篇幅以8000—15000字为宜。本稿约常年有效。

　　通讯地址：天津市津南区海河教育园区同砚路38号
　　南开大学法学院《南开法律评论》编辑部
　　邮政编码：300350
　　投稿信箱：nklawreview@163.com

《南开法律评论》编辑部
2022年3月